9-II

3.00

Complet des 12 planches

Rare

CHAMPIGNONS

ET

TRUFFES.

CHAMPIGNONS

ET

TRUFFES

PAR

JULES REMY.

~~~

PARIS

LIBRAIRIE AGRICOLE DE LA MAISON RUSTIQUE

rue Jacob, 26.

1861.

STRASBOURG, TYPOGRAPHIE DE G. SILBERMANN.

AVANT-PROPOS.

Rien n'est plus naturel, lorsqu'on se promène au printemps et en automne dans les prés et sur les lisières des bois, que de céder à la tentation de récolter quelques-uns de ces beaux champignons qu'on y trouve à profusion, à demi-cachés dans le fin gazon des pelouses. Trop souvent on est cruellement puni d'avoir trop compté sur ses propres lumières, et d'avoir livré à la cuisine quelques mauvais champignons égarés parmi ceux des espèces comestibles.

L'auteur de ce traité a eu pour but principal de rendre plus rares de déplorables accidents, en vulgarisant la connaissance des ca-

ractères distinctifs des bons champignons, et
des signes certains qui permettent de ne pas
les confondre avec ceux des espèces vénéneuses ; il entre à cet égard dans les détails
les plus précis, convaincu qu'on ne peut être
trop explicite lorsqu'il s'agit d'écarter un danger dont tous les ans tant d'imprudents sont
les victimes.

Dans la pensée de l'auteur, il y aurait un
moyen certain , un moyen radical de rendre à
jamais impossibles les empoisonnements par
les champignons vénéneux ; ce serait d'étudier leur mode de végétation, de cultiver
toutes les espèces comestibles, comme on
cultive dans les environs de Paris le champignon de couches, et de ne livrer à la cuisine
que des champignons cultivés, chose qu'il
croit non-seulement possible, mais même
assez facile.

La partie la plus étendue de cet ouvrage
est, pour cette raison, consacrée à la description des procédés de culture des champi-

gnons, en commençant par la méthode des champignonistes parisiens, la plus productive de toutes; ce chapitre a pour complément l'exposé des procédés de culture du champignon de couches en Angleterre et en Belgique, de l'Agaric atténué, du Palomet et du Bolet comestible dans les Landes. Les résultats obtenus de ces cultures confirment les vues de l'auteur quant à la possibilité de multiplier artificiellement, par une culture intelligente, toutes les autres espèces de bons champignons.

La truffe, bien que l'auteur ne la regarde point comme un champignon, ne pouvait être oubliée. Tout en réduisant à leur juste valeur les truffières artificielles établies avec peu de résultat utile dans plusieurs de nos départements du Midi, il n'en donne pas moins tous les détails qui peuvent conduire à les rendre plus productives; puis il développe des vues nouvelles sur la nature de la truffe, et sur la route à suivre pour arriver à la reproduire artificiellement à volonté, ce que personne n'a su réaliser jusqu'à présent.

L'exposé des meilleures recettes pour accommoder les diverses espèces de champignons ainsi que les truffes, et pour les conserver, afin de pouvoir en faire usage toute l'année, sans interruption, succède naturellement à celui des procédés de culture; ce chapitre sera surtout apprécié des maîtresses de maison.

Une section est consacrée aux champignons comestibles peu usités en France, et une autre aux champignons vénéneux. Sans aborder les détails botaniques et physiologiques compréhensibles seulement pour ceux qui ont fait sur ce sujet des études spéciales et à qui l'usage du miscroscope est familier, l'auteur s'est surtout attaché au côté pratique de la question. Il décrit avec la plus minutieuse exactitude les champignons dangereux les plus communs en France, et il insiste tout particulièrement sur ceux d'entre ces champignons qui, par leur ressemblance plus ou moins grande avec les champignons des espèces comestibles, peuvent le plus aisément donner lieu à de funestes méprises.

Cette section est complétée par la description des symptômes de l'empoisonnement par les champignons vénéneux, avec l'indication des premiers secours à donner aux victimes des accidents de ce genre, quand ceux de l'art médical se font attendre. Dans cette partie de son travail, l'auteur a su se tenir dans une sage réserve, en mettant seulement sur la voie des moyens sûrs et exempts de danger d'arrêter les progrès du mal, en attendant l'intervention indispensable du médecin. Les conseils qu'il donne à cet égard sembleront d'autant plus précieux que trop souvent, faute de lumières suffisantes, on rend plus grave le mal qu'on cherche à soulager, et quand le médecin arrive, il est trop tard.

On peut juger par ce rapide coup d'œil jeté sur l'ensemble de ce livre substantiel, du genre de services qu'il est appelé à rendre, soit à une branche intéressante de l'horticulture, soit à l'économie domestique, et à la médecine familière.

CHAMPIGNONS ET TRUFFES.

PREMIÈRE PARTIE.

CHAMPIGNONS COMESTIBLES.

CHAPITRE PREMIER.

CHAMPIGNONS COMESTIBLES QUI CROISSENT EN FRANCE A L'ÉTAT SAUVAGE. AGARIC, MOUSSERON, MORILLE, CEP, CHANTERELLE.

Classification des champignons comestibles. Peu de substances végétales possèdent, sous un petit volume, des propriétés alimentaires égales à celles des champignons ; ils approchent beaucoup, sous ce rapport, de la valeur nutritive des substances animales, et c'est la raison pour laquelle il est si facile de se donner des indigestions de champignons, même quand on ne fait usage que des espèces exemptes de toute propriété vénéneuse.

Les espèces de champignons comestibles sont assez nombreuses en France, surtout dans nos départements les plus méridionaux. Au nord de la vallée de la Loire, les bonnes espèces deviennent plus rares; les champignons vénéneux, peu différents des espèces inoffensives, deviennent plus communs; les habitants de cette partie de la France s'en tiennent généralement, et avec raison, aux champignons cultivés et au petit nombre de ceux qui ne peuvent donner lieu à aucune méprise funeste, parce qu'ils ne ressemblent à aucun champignon vénéneux. A Paris, afin d'éviter toute chance d'empoisonnement par les champignons, on ne permet la vente sur les marchés que de trois espèces seulement, l'*Agaric comestible cultivé* ou *Champignon de couches*, la *Morille* et la *Truffe*.

Si l'on classe selon leur valeur alimentaire les champignons comestibles croissant sur le sol de le France, ils se présentent dans l'ordre suivant :

1º Champignon comestible (*Agaricus edulis*).

2º Mousseron (*Agaricus albellus*).

3º Faux Mousseron (*Agaricus tortilis*).

4º Agaric atténué (*Agaricus attenuatus*).

5º Palomet (*Agaricus Palomet*).

6º Champignon délicieux (*Agaricus deliciosus*).

7º Lactaire doré (*Agaricus lactiferus aureus*).

8º Cep (*Boletus edulis*).

9º Chanterelle (*Cantharellus cibarius*).

10º Oronge (*Amanita aurantiaca*).

11º Galmote (*Amanita rubescens*).

12º Morille (*Morchella esculenta*).

13º Truffe (*Tuber cibarium*).

Parmi les champignons comestibles compris dans cette liste, les plus usités sont à Paris et dans tous les départements du centre et du Nord de la France, le champignon comestible, le Mousseron, la Morille et la Truffe; dans l'Ouest, le faux Mousseron; Dans l'Est, la Galmote; dans le Sud-Ouest, le Palomet, le Cep et l'Oronge, et dans le Midi, les autres espèces cantonnées dans quelques localités hors desquelles elles ne sont point en usage.

Agaric comestible. On trouve fréquemment ce champignon croissant à l'état sauvage dans les prairies naturelles élevées et sèches, soit au printemps, quand l'herbe commence à reverdir après la première coupe, soit en automne quand le regain ou foin de seconde coupe est au tiers ou au quart de sa croissance. Avant d'en décrire les propriétés et les caractères, il est indispensable d'indiquer le mode singulier et tout spécial de végétation des champignons.

Tout champignon, y compris les espèces tellement petites qu'on ne peut découvrir leur existence qu'avec le secours du microscope, est composé de deux parties essentiellement différentes, le *champignon proprement dit*, et le *Mycélium*. Dans la plupart des champignons comestibles, le Mycélium consiste en longs fils blancs entrelacés, connus sous le nom vulgaire de *blanc de champignons;* c'est là véritablement la plante. Sous l'empire de circonstances favorables, les tiges souterraines du Mycélium peuvent émettre un certain nombre de productions qui ne sont ni des feuilles, ni des fleurs, ni des fruits, mais qui participent un peu de tous ces organes, et qui sont en réalité de véritables fructifications, renfermant les *spores* ou germes par lesquels se propagent, non pas les champignons, mais le Mycélium capable de donner des champignons. Ainsi, quoiqu'il reste encore à la physiologie végétale bien des faits à découvrir avant qu'elle puisse rendre un compte complétement satisfaisant du mode de reproduction des champignons, elle est néanmoins assez avancée pour qu'on sache, à n'en pouvoir douter, que le Mycélium est la plante, et que le champignon en est l'organe reproducteur. Par la connaissance de ce seul fait disparaît l'étrangeté de la rapide croissance du champignon, qui a donné lieu au proverbe vulgaire : « Pousser comme des champignons. » Ce qui se développe avec une excessive rapidité, ce n'est pas la plante; car, les tiges souterraines dont se compose le Mycélium croissent lentement et restent longtemps stationnaires, en attendant le moment où elles seront en état de fructifier; c'est uniquement l'organe reproducteur qui se forme instantanément sur le Mycélium, paraît à l'extérieur, donne ses spores, puis se flétrit et se corrompt, comme la fleur des végétaux phanérogames les plus complets s'épanouit, puis se flétrit quand elle a donné naissance à la graine. La marche du développement du champignon ne s'écarte donc pas sensiblement des lois qu'elle suit dans tout le reste du règne végétal, et il n'y a rien de prodigieux ni d'extraordinaire dans la promptitude de la croissance du champignon, regardé longtemps, mais à tort, comme constituant à lui seul un végétal complet.

Caractères de l'Agaric comestible. Le champignon des prés, connu sous le nom vulgaire de *Pratelle,* dans ceux de nos départements où il est le plus répandu, appartient au genre *Agaric;* il est un des mieux conformés de tout ce genre composé de très-nombreuses espèces; il ne diffère en rien du champignon de couches ou champignon cultivé. Comme tous les champignons complets, le champignon comestible est composé de deux parties essentielles : le support

ou pédicelle, et le chapeau. Dans plusieurs agarics, les uns comestibles, les autres vénéneux,
le pédicelle est placé de côté, ce qui donne au
plateau une forme plus ou moins irrégulière;
dans le champignon comestible le pédicelle est
toujours central; la forme du chapeau est toujours régulière. Les bords, primitivement roulés
en dessous, de manière à masquer la partie su-
périeure du pédicelle, finissent par devenir
presque étalés quand le champignon a pris tout
son développement. Le diamètre du chapeau tout
à fait étalé dépasse rarement 6 à 7 centimètres ;
quand le champignon de couches atteint un
décimètre de diamètre, ce qui arrive très-rarement, il est regardé comme phénoménal ; jamais
le Pratelle ou champignon comestible sauvage
n'atteint ces dimensions ; du reste, ni dans la
variété sauvage, ni dans la variété cultivée, les
plus gros champignons ne sont considérés comme
les meilleurs.

Le chapeau, habituellement blanc, est quelquefois légèrement teinté de gris-brun ; le pédicelle, dont la forme est régulièrement cylindrique, est toujours blanc ; il est plein, charnu,
pourvu d'un anneau peu persistant et dont les
bords ne sont jamais entiers. La peau dont le
chapeau est recouvert, adhère peu et s'enlève
très-facilement ; c'est un caractère qui mérite

attention, parce que ceux d'entre les mauvais champignons qui ressemblent le plus au champignon comestible, se pèlent tous plus ou moins difficilement. Quelle que soit la nuance plus ou moins prononcée de la peau, la chair du chapeau est toujours d'un blanc de lait et elle ne change pas de couleur au contact de l'air.

Le caractère le plus saillant et le plus facile à saisir chez le champignon comestible, c'est la nuance rose-clair des lames qui garnissent le dessous du chapeau ; ce caractère ne saurait induire en erreur, car il n'appartient à aucun autre champignon. L'odeur indéfinissable et toute spéciale de ce champignon n'est pas, comme on le croit généralement, un indice suffisamment certain de sa bonne qualité ; d'autres champignons, d'espèces vénéneuses ou suspectes, ont une odeur peu différente, tandis que les lames roses n'appartiennent qu'au seul champignon comestible, soit sauvage, soit cultivé. Au moment où l'on fait la récolte des champignons, soit dans la prairie, soit sur la couche, ils ne sont pas toujours assez développés pour que les lames, dont la couleur rose constitue le caractère distinctif le plus essentiel du champignon comestible, soient à découvert ; on en trouve beaucoup et des meilleurs, qui sont arrondis en boule, et qui semblent n'avoir presque pas de support, parce que les bords du chapeau sont repliés en dedans et collés autour du pédicule. Si l'on cueille des champignons sur une couche, il n'y a pas lieu de se préoccuper de cette circonstance ; car, sur la couche il ne peut croître que de bons champignons. Mais si l'on cueille dans une prairie des champignons comestibles sauvages, on ne doit pas manquer, en récoltant ceux dont le chapeau n'est pas encore suffisamment étalé, de les visiter en dessous et de s'assurer que les lames sont de couleur rose ; ceux chez lesquels ce signe distinctif manque doivent être rejetés, quand même ils auraient d'ailleurs l'odeur et l'aspect des meilleurs champignons. C'est surtout faute d'avoir pris cette précaution très-simple que tant d'accidents funestes ont été et sont encore tous les ans causés par les champignons de prairie.

Une autre observation, non moins essentielle, s'applique également au champignon de couches comme au champignon de prairies. Quoique ni l'un ni l'autre de ces deux champignons ne puisse, dans aucun cas, être vénéneux, il ne faut en faire usage que pendant l'intervalle assez court qui s'écoule entre le moment où ils sont cueillis et celui où leurs lames commencent à changer de couleur ; car, dès que leur première fraîcheur est passée, leurs lames passent

Strasbourg, typ. G. Silbermann.

du rose au brun. Je ne puis donc trop insister sur ce point que les champignons comestibles ne doivent être cueillis et livrés à la cuisine que quand leurs lames sont roses. Les bons champignons qui sont tout à fait étalés et dont les lames sont devenues brunes n'empoisonnent pas, mais ils donnent de cruelles indigestions, même quand ils ont conservé toute leur valeur gastronomique et qu'ils n'ont encore subi aucun commencement d'altération. De là vient que bien des gens ont pu se croire empoisonnés par les champignons, bien qu'ils n'en eussent mangé que de parfaitement inoffensifs, parce que les symptômes d'une indigestion violente ressemblent à s'y méprendre à ceux d'un empoisonnement.

Mousseron. La forme du Mousseron est, parmi ses caractères extérieurs, l'un des plus importants. Son pédicelle, généralement assez épais, est lisse, placé au centre du chapeau et complétement dépourvu d'anneau; le chapeau, dont la forme est d'abord arrondie, prend ensuite celle d'une cloche; mais il ne s'étale jamais comme celui du champignon de couche trop avancé, il reste toujours convexe. Les lames, au lieu d'être égales et régulières, comme chez le champignon comestible commun, sont d'inégale grandeur et terminées en pointe à leurs deux extrémités, mais ce dernier caractère est

peu saillant et il faut y regarder de très-près pour
le distinguer. Toutes les parties du Mousseron :
pédicelle, chapeau, lames, sont d'un blanc laiteux; malheureusement ce caractère n'est pas
particulier à ce champignon : il se rencontre de
même chez plusieurs champignons très - dangereux. Néanmoins le Mousseron donne très-rarement lieu à des cas d'empoisonnement, parce
qu'il est d'une part beaucoup plus petit que tous
les mauvais champignons qui lui ressemblent,
et de l'autre, doué d'une odeur musquée très-
agréable, qui n'appartient qu'à lui et qui, jointe
à ses autres caractères, suffit pour prévenir toute
méprise.

Le Mousseron, très-commun dans tout l'ouest
de la France, est fort recherché pour la délicatesse
de son goût; on peut le manger avec d'autant
plus de confiance que, par la petitesse de sa
taille, la forme de son chapeau et surtout son
odeur toute particulière, il se distingue aisément des champignons suspects ou vénéneux.
Le Mousseron est de tous les champignons comestibles le plus commun dans la Grande-Bre-
tagne; c'est pourquoi les Anglais nomment in-
distinctement tous les champignons Mousserons
(*Mushrooms*).

Le Mousseron paraît de très-bonne heure au
printemps, longtemps avant les premiers cham-

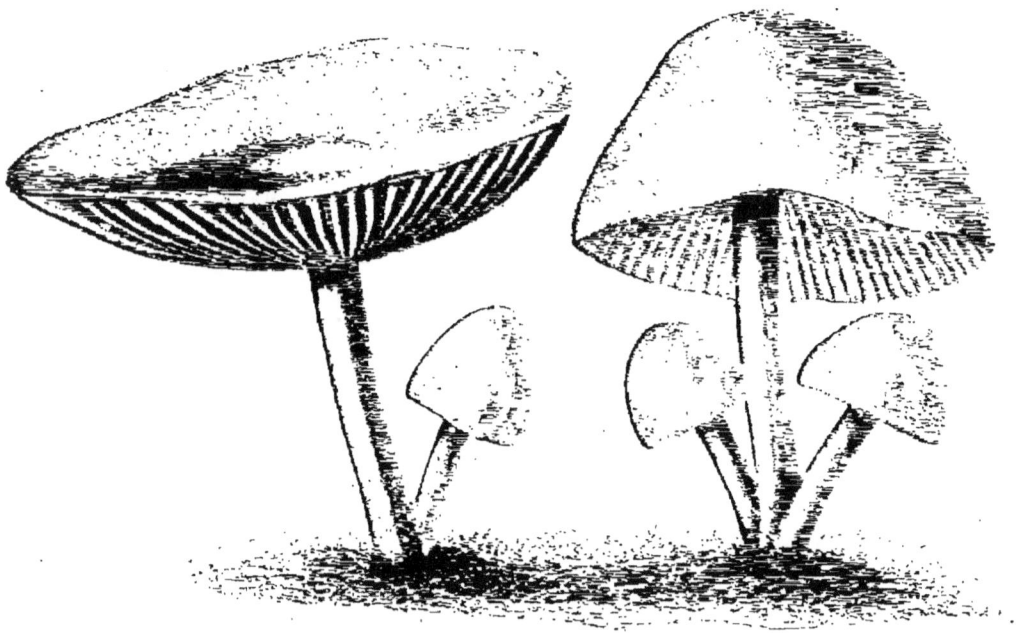

Strasbourg . typ. G. Silberman

piguons de prairie; on le trouve principalement sur les terrains incultes plus ou moins gazonnés et secs, plutôt sur les pelouses un peu maigres que sur les prairies à faux courante, dans le voisinage des bois, à.l'expositiou de l'Ouest et du Midi. On doit se hâter de récolter le Mousseron, car il ne dure que très-peu de temps et il est rare qu'il se montre une seconde fois en automne.

Faux Mousseron. La forme du faux Mousseron est à peu près la même que celle du Mousseron vrai; le chapeau est seulement un peu moins arrondi et se rapproche de la forme conique. La nuance du faux Mousseron est quelquefois la même que celle du Mousseron vrai ; quelquefois aussi il est décidément jaune ou d'un ton légèrement brun. Les botanistes ont donné au faux Mousseron le nom d'*Agaricus tortilis*, Agaric tordu. Son support est cependant tout aussi droit que celui du Mousseron vrai ; mais il se tord en se desséchant, tandis que celui du Mousseron vrai reste droit. Son odeur, bien qu'un peu différente de celle du Mousseron vrai, est agréable ainsi que son goût, et c'est un des champignons les plus faciles à digérer. On trouve en abondance le faux Mousseron en plein été et jusqu'au commencement de l'automne sur les vieilles souches, à l'entrée des bois, dans les départements de l'ancienne Normandie, où il est connu sous le nom vulgaire de *Mousseron d'automne, Mousseron de Dieppe* et *Godaille*. On en récolte dans cette partie de la France beaucoup plus qu'il n'est possible d'en consommer à l'état frais, et on le soumet à divers procédés de conservation (voy. chap. IV).

Agaric atténué. Le caractère le plus prononcé de ce champignon, caractère duquel son nom est dérivé, c'est la forme particulière de son pédicelle, très-mince à la base et qui s'élargit graduellement jusqu'à son point d'insertion au chapeau ; c'est là ce qui ne permet pas de confondre l'Agaric atténué avec d'autres champignons qui lui ressemblent sous d'autres rapports. Le pédicelle du champignon atténué est rarement droit, il est le plus souvent incliné. L'anneau, qu'il porte immédiatement au-dessous des lames du chapeau, est d'un brun fauve. Le chapeau, de forme régulièremeut convexe, est comme tout le reste du champignon, d'un brun fauve très-clair, le pédicelle est de la même nuance, mais encore beaucoup moins foncée ; les lames, de grandeur inégale entre elles, adhèrent au pédicelle.

L'Agaric atténué ou champignon atténué, est au nombre des champignons les meilleurs et les plus nourrissants, et néanmoins il n'est apprécié

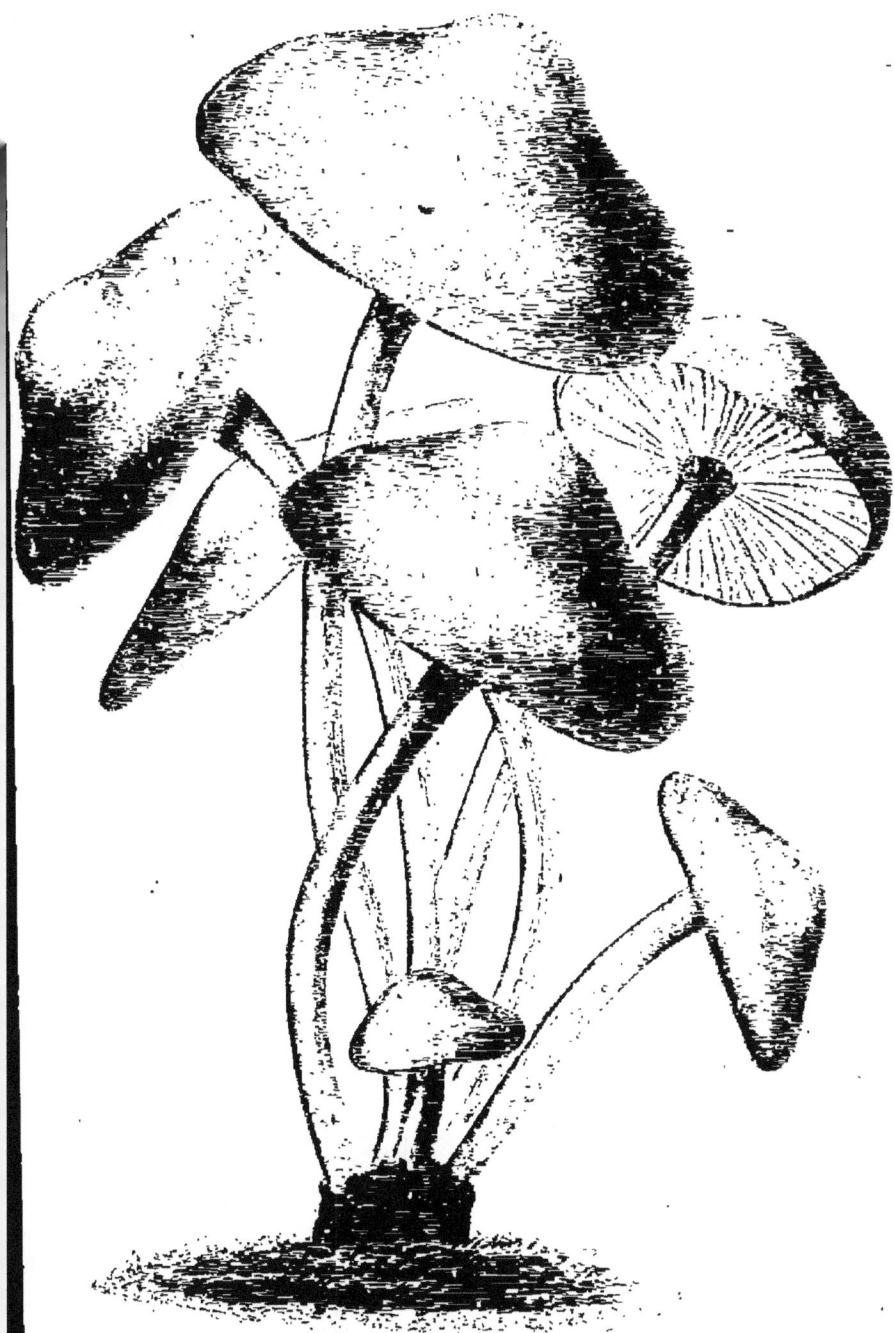

AGARIC ATTÉNUÉ (Agaricus attenuatus).

Strasbourg . typ. G. Silbermann

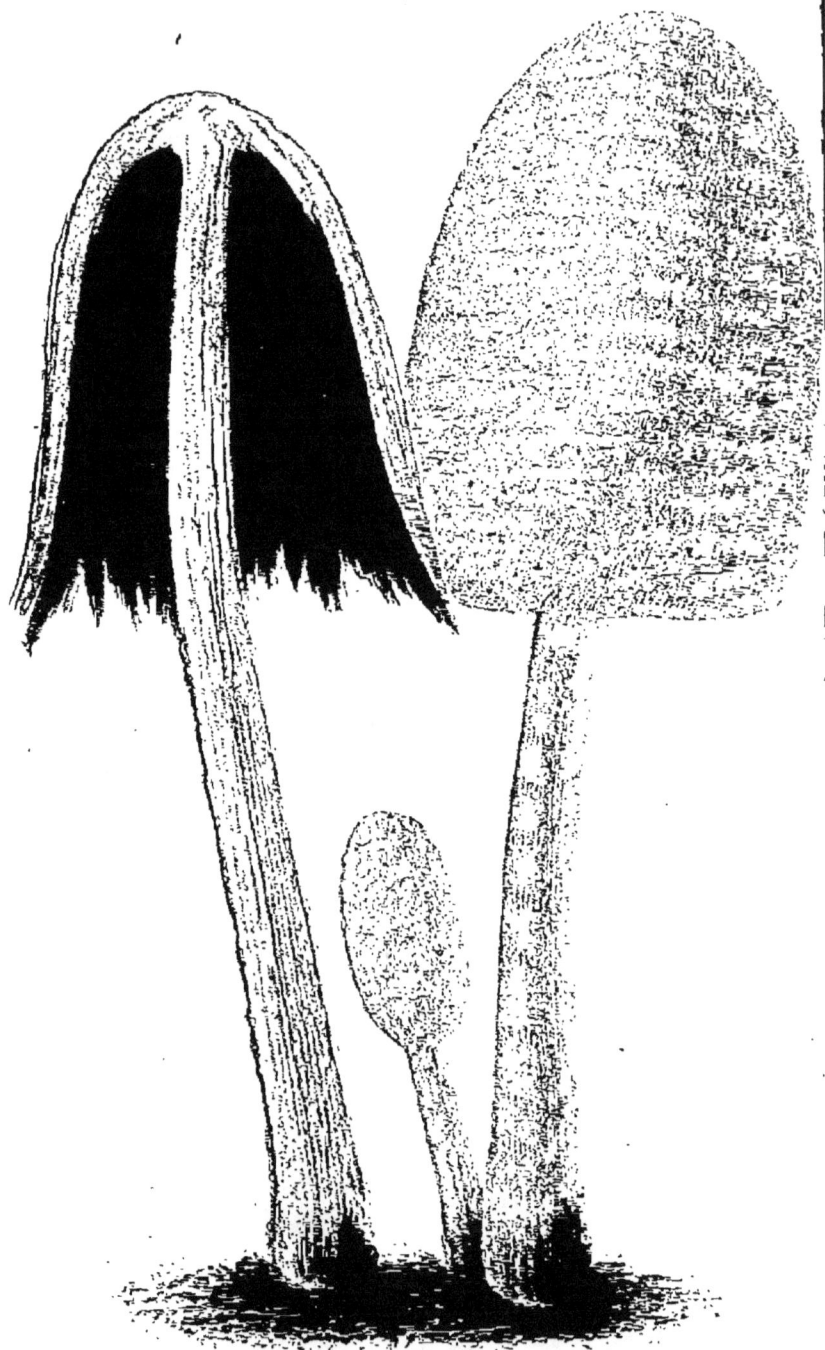

que dans quelques localités du Midi, particulièrement à Montpellier, où il est connu sous le
nom de *Pivoulade*. Sa chair est blanche et de
très-bon goût. On trouve l'Agaric atténué sur le
tronc des vieux saules et quelquefois sur celui des
vieux peupliers. Ce champignon, également sain
et agréable, est d'autant plus précieux qu'on peut
le multiplier en quantité illimitée par des procédés de culture plus simples et moins coûteux
que ceux qu'on emploie pour multiplier le champignon de couches, dont il a les propriétés alimentaires, et qu'il peut remplacer pour la cuisine partout où il est difficile de se procurer le
vrai champignon comestible, sauvage ou cultivé.
Quoique l'Agaric atténué se montre rarement à
l'état sauvage hors de nos départements les plus
méridionaux, le climat du Midi n'est nullement
nécessaire à sa croissance, et l'on pourrait le
cultiver sur tous les points de notre territoire.
L'un des avantages les plus importants qui résulte de sa culture, c'est que, lorsqu'il a été cultivé, il est dans les mêmes conditions que le
champignon de couches et ne peut jamais se
trouver mêlé à d'autres champignons dangereux
(voy. chapitre III).

Palomet. Le pédicelle du champignon Palomet est nu, uni, d'une forme régulièrement
cylindrique, avec un renflement peu prononcé à

sa base. La forme du chapeau est d'abord convexe ; mais à mesure que le champignon se développe, le chapeau se creuse sensiblement au
centre, de sorte qu'il devient irrégulièrement
concave. La couleur du chapeau est d'un gris
verdâtre, tournant au blanc, avec quelques stries
sur les bords. Les lames, très-nombreuses, sont
blanches et à peu près égales entre elles. La
chair du chapeau ainsi que celle du pédicelle est
blanche et de très-bon goût. Dans les Landes,
où le Palomet croît en abondance sur la lisière
des bois et sur les terrains incultes, ce champignon est connu sous le nom de *Crusagne*. Malheureusement le Palomet peut être assez facilement confondu avec d'autres plus ou moins dangereux ; ce qui tient à ce qu'à mesure qu'il se
développe il change tout à fait d'aspect. Deux
champignons Palomets, dont l'un a seulement
quelques heures de plus que l'autre, ne se ressemblent plus et paraissent appartenir à des
espèces entièrement différentes. Au moment où
le Palomet sort de terre, son pédicelle cylindrique est seulement un peu renflé vers sa base,
la forme du chapeau est régulièrement convexe ;
sa nuance, à peu près uniforme, est d'un gris
légèrement verdâtre. Un peu plus tard le renflement de la base du pédicelle grossit sensiblement, le chapeau se rapproche de plus en plus

Strasbourg. typ. G. Silbermann.

CHAMPIGNON DÉLICIEUX (Agaricus deliciosus),

de la couleur verte ; il se déforme, et à mesure qu'il se développe, de convexe, qu'il était d'abord, il devient concave. J'insiste sur ces détails, parce que ces changements de forme et de nuance du Palomet sont cause de fréquents accidents occasionnés, non par le Palomet lui-même, qui est toujous inoffensif, mais par des champignons dangereux pris pour le Palomet à divers degrés de développement.

De même que l'Agaric atténué, le Palomet est au nombre des champignons les plus faciles à cultiver. Les habitants des Landes, qui font une grande consommation de Palomets, ne mangent guères que ceux qui proviennent de leurs cultures, et qui, pour cette raison, leur offrent une entière sécurité (voy. chapitre III).

Champignon délicieux. Ce champignon est ordinairement d'assez fortes dimensions. Son pédicelle est solide, sans vide intérieur, nu et d'une belle nuance jaune. La couleur du chapeau n'est pas constante : il est tantôt d'une nuance fauve uniforme, tantôt d'un rouge de brique ; les lames, de grandeur inégale entre elles, sont d'une teinte semblable à celle du chapeau, mais beaucoup moins foncée. Le champignon délicieux appartient à un gronpe du genre Agaric, auquel les botanistes ont donné le nom de *Lactaire,* parce que les champignons de ce groupe, qui ne sont pas tous comestibles, laissent écouler, lorsqu'on les coupe, un suc laiteux très-abondant. Le suc laiteux du champignon délicieux est jaune, d'une saveur douce et d'une odeur agréable. Ce caractère est important, il peut fournir une indication certaine à ceux qui recherchent ce champignon à l'état sauvage, parce que les mauvais champignons, qui lui ressemblent le plus et qui peuvent être confondus avec lui, n'appartiennent pas au groupe des Lactaires, ne contiennent pas de suc intérieur et exhalent, lorsqu'on les coupe, une odeur désagréable.

Le champignon délicieux passe à juste titre pour le meilleur, au point de vue gastronomique, de tous ceux qui croissent en France à l'état sauvage. Il y est assez rare, si ce n'est dans quelques cantons du Midi, où il est fort recherché; il figure tous les ans en assez grande quantité sur les marchés des villes de nos départements les plus méridionaux. Il y a lieu de s'étonner que jusqu'à présent la multiplication artificielle du champignon délicieux n'ait pas été l'objet de tentatives sur une assez grande échelle. Si ce champignon était récolté avec toutes les garanties de sécurité qu'il offrirait, s'il était le produit de la culture et qu'il fût offert aux gastronomes à des prix modérés, il est probable

Strasbourg, typ. G. Silbermann.

LACTAIRE DORÉ (Agaricus lactiferus aureus).

qu'il ne serait ni moins estimé ni moins recherché que la truffe elle-même.

Lactaire doré. Le Lactaire doré est un excellent champignon, seulement un peu inférieur au champignon délicieux, dont il est le très-proche parent. Le pédicelle du Lactaire doré est velouté, d'un brun tournant au rouge incarnat, le chapeau est d'un brun orangé; le suc qui en découle, lorsqu'on le coupe, est d'un blanc laiteux et d'une saveur très-douce; les lames du chapeau sont d'un blanc jaunâtre. On trouve en été le Lactaire doré sur les pelouses sèches et les terrains incultes dans nos départements du Midi. Durant les premières heures de son développement le chapeau est arrondi et presque globuleux; c'est à cet état qu'il doit être récolté et qu'il possède le plus complétement possible ses propriétés gastronomiques. Plus tard le chapeau du Lactaire doré s'étale, se déprime à son centre et sa nuance devient d'un brun rouge plus prononcé. En cet état il est facilement confondu avec l'un des champignons les plus vénéneux de notre pays, l'*Agaric meurtrier,* qui ne justifie que trop son nom. Le Lactaire doré donne lieu, pour cette raison, à de fréquents accidents qui ne cesseront que quand on aura pris le parti de le cultiver et de ne livrer à la consommation les champignons de cette excellente espèce que quand ils auront été obtenus par la culture.

Cep ou Cèpe. — Bolet comestible. Le Cep appartient à la famille des Bolets, qui diffère essentiellement de celle des Agarics, à laquelle appartiennent les champignons comestibles décrits ci-dessus. Le caractère le plus prononcé qui sépare ces deux genres, est tiré de leurs organes reproducteurs. Les Bolets, comme les Agarics, se reproduisent par des spores; mais chez les Agarics les spores sont renfermés entre les lames, chez les Bolets les spores sont contenus dans des tubes verticaux, collés les uns à côté des autres et qui garnissent tout le dessous du chapeau, comme les lames occupent tout le dessous du chapeau des Agarics.

Le pédicelle du Bolet comestible ou Cep, est épais, un peu plus gros à sa base qu'au sommet, d'un blanc pâle marbré de roux clair. Le chapeau est uni, lisse, de couleur fauve. Les tubes, d'un très-petit diamètre, sont d'abord blancs, et prennent plus tard une teinte d'un jaune verdâtre; ces caractères le rendent assez facile à distinguer. Dans tout le Sud-Ouest, où l'on en fait une grande consommation, surtout à Bordeaux, le Bolet comestible est connu sous les noms de *Cep*, *Gyrolle*, *Brugnet* et *Potiron*. On le trouve pendant tout l'été, dans les clai-

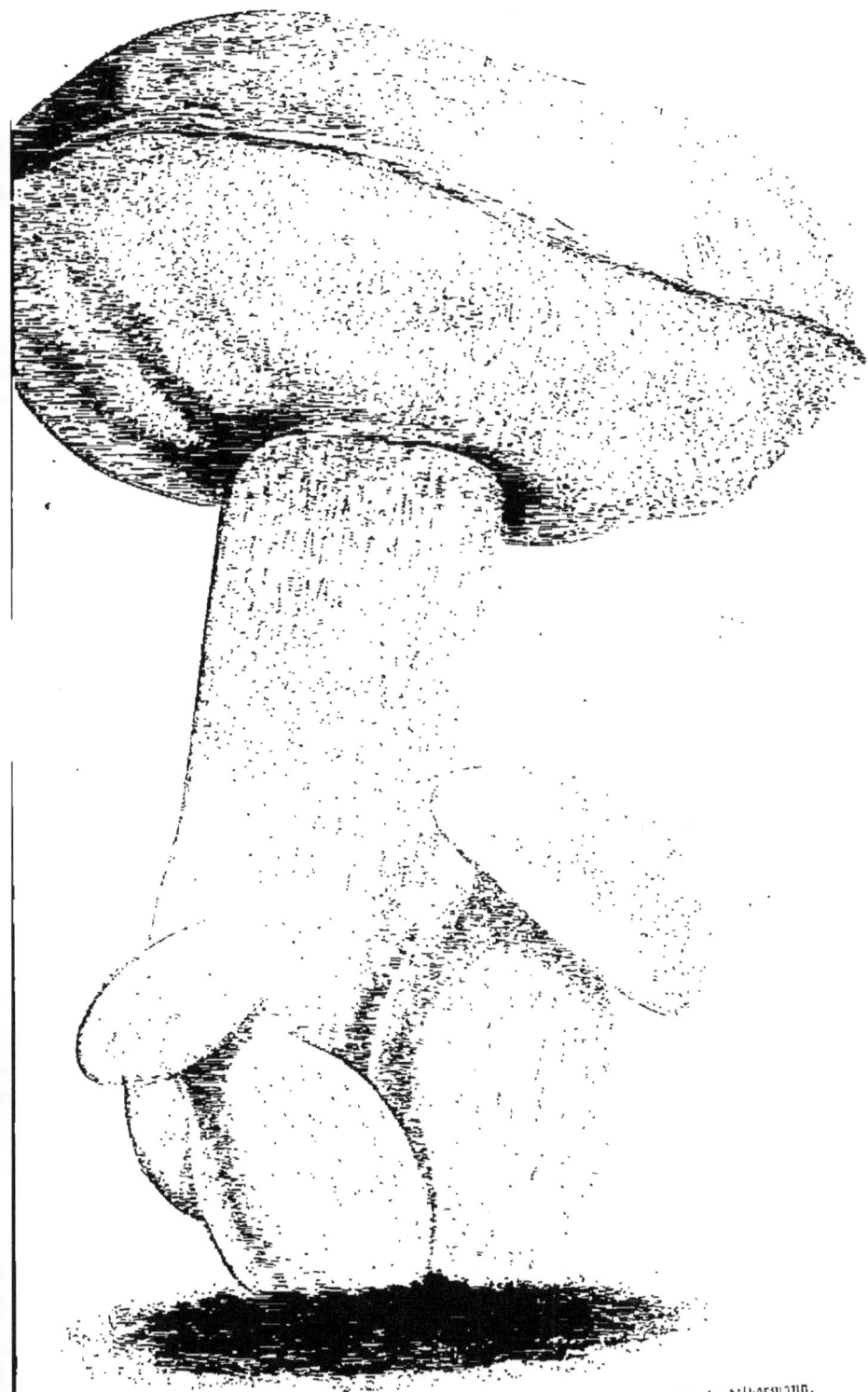

Strasbourg, typ. G. Silbermann.

CEPS (Boletus edulis).

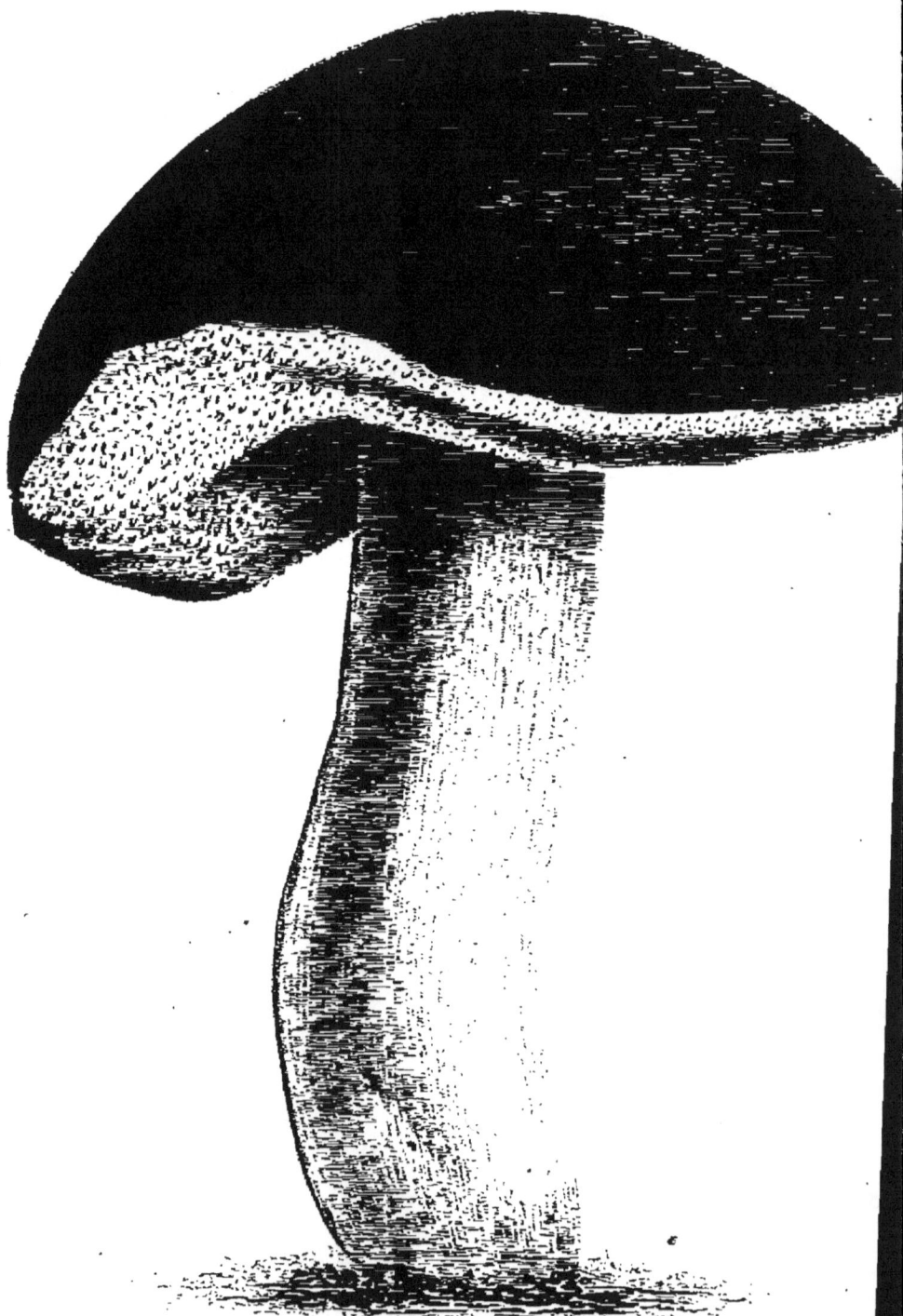

Strasbourg, typ. G. Silbermann

rières des bois, où il acquiert d'assez grandes dimensions. Le Cep vient toujours sur le sol; on ne le trouve jamais, comme plusieurs autres Bolets, sur les souches des arbres, quoiqu'il ne croisse que dans les pays boisés. C'est un des plus estimés parmi les champignons sauvages de notre région du Sud-Ouest. Il peut difficilement donner lieu à des accidents, bien qu'il ne soit pas cultivé, parce qu'il possède l'heureux privilége de ne ressembler à aucune espèce de champignon dangereux. On en récolte en été d'amples provisions que l'on conserve en les faisant sécher, pour les livrer à la consommation en hiver.

On connaît et l'on admet dans la cuisine deux espèces de Cep, l'une et l'autre également agréables au goût, et exemptes de tout danger, le *Cep commun*, et le *Cep bronzé*, aussi connu sous le nom vulgaire de *Cep gendarme*. Chez cette variété du Bolet comestible, les tubes sont franchement jaunes et ne changent pas de nuance; la surface du chapeau est d'une nuance bronzée tirant sur le noir. Le Cep gendarme se rencontre dans les mêmes localités que le Cep commun; il est doué des mêmes propriétés alimentaires.

Chanterelle. La forme de ce champignon diffère également de celle des Agarics et de celle

des Bolets. Dans la Chanterelle, le pédicelle ne
forme pas une partie complétement distincte du
chapeau; celui-ci se dilate à son sommet pour
former un chapeau d'abord régulièrement convexe, puis prenant à la fin, quand il est tout à
fait développé, la forme d'un entonnoir dont les
bords sont plus ou moins plissés et irrégulièrement découpés. Le pédicelle de la Chanterelle
comestible est épais, charnu et, comme tout le
reste de ce champignon, d'un nuance chamois
ordinairement clair, mais qui varie beaucoup
d'intensité. On trouve même des Chanterelles entièrement blanches; les botanistes ne les consi-
dèrent pas comme constituant une variété distincte. Quelquefois le pédicelle de la Chanterelle
semble manquer tout à fait, parce qu'il s'élargit
presqu'à sa naissance pour commencer le chapeau. Le dessous du chapeau ne porte ni lames
comme les Agarics, ni tubes comme les Bolets;
les spores sont contenues entre des plis qui se
prolongent irrégulièrement le long du pédicelle.
On ne peut, d'après ces caractères très-faciles à
reconnaître, confondre la Chanterelle avec aucun champignon dangereux. Bien que la chair
de la Chanterelle soit un peu coriace, et que sa
valeur alimentaire soit fort inférieure à celle des
champignons comestibles des genres Agaric et
Bolet, elle est mangeable et parfaitement inof-

CHANTERELLE (Cántharellus cibarius)

Strasbourg. Imp. G. Silbermann.

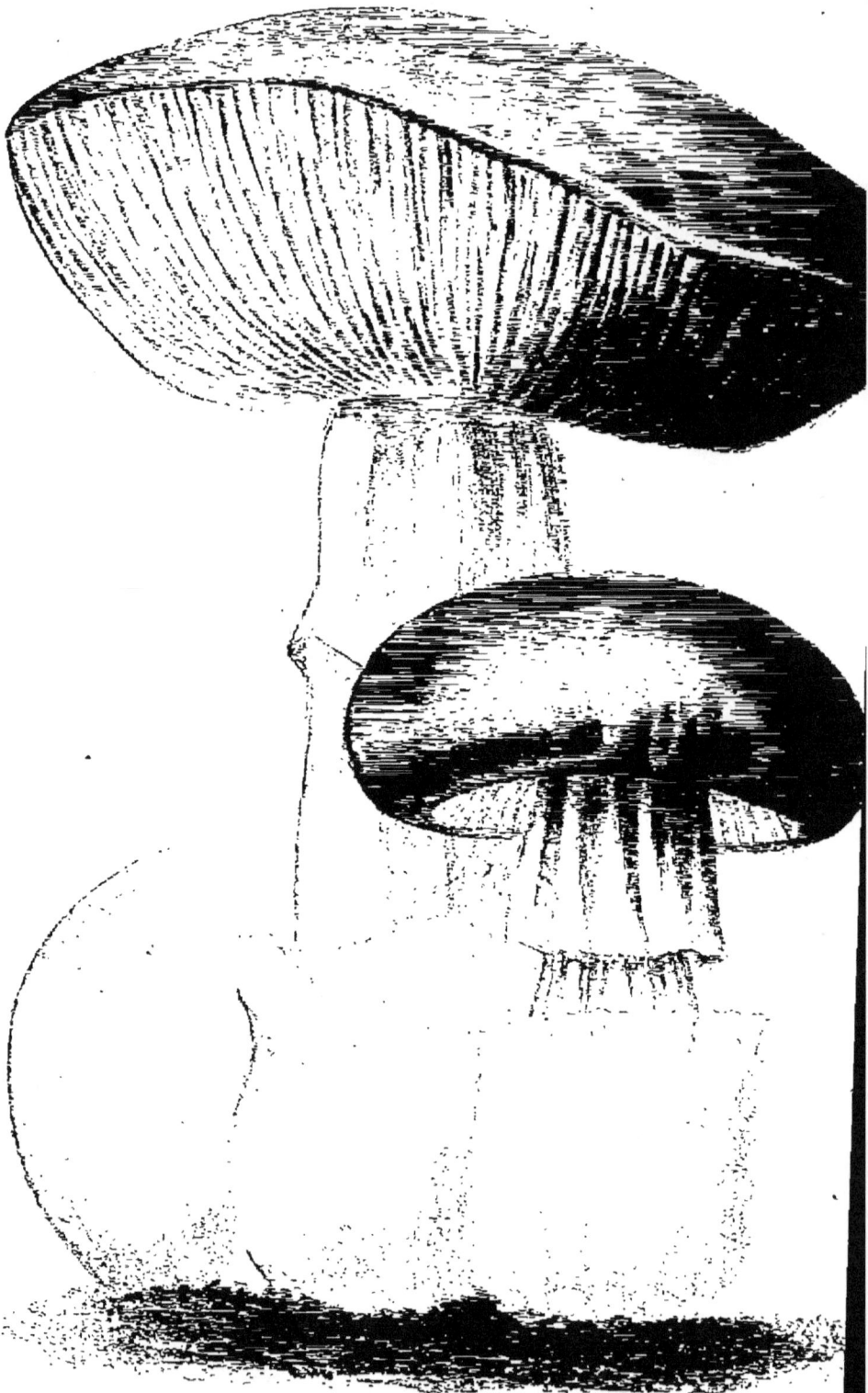

Strasbourg, typ. G. Sil[...]

ORONGE (Amanita aurantiaca).

fensive ; elle abonde à l'ombre des chênes et des hêtres dans presque tous nos départements ; les habitants des pays boisés en mangent presque tous les jours pendant une partie de la belle saison, et n'en sont jamais incommodés. La Chanterelle doit être apprêtée et consommée le moins de temps possible après qu'elle a été cueillie ; si elle est trop attendue, quoiqu'elle ne soit pas gâtée et qu'elle n'ait contracté aucune saveur désagréable, elle est devenue excessivement indigeste.

Oronge. L'Oronge est composée d'un pédicelle et d'un chapeau de forme régulière, disposés comme ceux des champignons du genre Agaric, quoiqu'elle n'appartienne pas à ce genre, et que les botanistes la nomment *Amanite orangée* (*Amanita aurantiaca*). Le pédicelle et le chapeau, au moment où ce champignon sort de terre, sont enfermés dans une sorte de sac de peau blanche, que les botanistes nomment *Volva ;* la volva de l'Oronge est complète, c'est-à-dire qu'elle la recouvre entièrement, et n'en laisse voir aucune partie. A mesure que l'Oronge grossit, elle déchire sa volva devenue trop petite pour la contenir ; la volva se fend pour lui livrer passage, et ses débris restent adhérents à la base du pédicelle. Le chapeau de l'Oronge est d'un beau rouge, très-légèrement bombé, presque plan quand il est entièrement développé ; ses bords sont le plus souvent marqués de stries blanches ; mais ce caractère n'est pas constant, et les stries des bords du chapeau manquent quelquefois. Le pédicelle est jaune, lisse, muni d'un anneau renversé de même couleur ; la chair du pédicelle est blanche comme celle du chapeau. Il existe une Oronge dont toutes les parties sont uniformément jaunes et qu'on nomme vulgairement *Oronge jaune;* les botanistes en font une espèce distincte, sous le nom d'*Amanite césarée*, (*Amanita cæsarea*) ; elle possède les propriétés de l'Oronge rouge. A l'exception du champignon de couches, il n'en est pas qui soit livré à la consommation en plus grande quantité que l'Oronge. Dans nos départements méridionaux, surtout dans la région du Sud-Ouest, le sol depuis la fin de l'été jusqu'à la fin de l'automne est littéralement couvert d'Oronges, dans les bois de pins, sapins et autres arbres résineux. Il ne faut accepter l'Oronge pour la livrer à la cuisine, que des mains de ceux qui la connaissent parfaitement ; car elle ne se distingue que par des différences peu prononcées de la fausse Oronge qui contient un poison mortel. Néanmoins, dans le Midi, le soin qu'on apporte dans sa recherche, toujours confiée à ceux qui possèdent à ce sujet des connaissances spéciales et une longue expérience, suffit pour que les cas d'empoisonnement soient très-rares, et que tout le monde puisse manger des Oronges sans danger sérieux.

L'Oronge n'est pas seulement un des meilleurs champignons connus; sa forme élégante, la vivacité du coloris de son chapeau rouge avec de légères stries blanches sur les bords et son pédicelle jaune, modérément renflé à sa base, lui donnent un aspect des plus gracieux, surtout quand les Oronges sont réunies par groupes nombreux, sous les grands bois d'arbres conifères. Mais il ne faut pas oublier que l'Oronge vraie est trop souvent proche voisine de la fausse Oronge (*Amanite vénéneuse*), qui lui ressemble beaucoup; on insiste sur ce point que ceux-là seuls qui sont certains de la bien connaître peuvent se permettre d'en faire la récolte et de la livrer à la consommation.

Galmotte. Ce champignon, qui appartient de même que l'Oronge au genre *Amanite,* est nommé par les botanistes Amanite rougissante (*Amanita rubescens*). Il est ordinairement de très-grande taille; le pédicelle cylindrique, renflé en forme de bulbe à sa base, a rarement moins de 10 à 12 centimètres de haut; il est le plus souvent creux à l'intérieur; sa nuance est rougeâtre et il conserve à sa base des débris de la

volva dans laquelle tout le champignon a été
primitivement enveloppé. L'anneau qui entoure
le pédicelle est de la même nuance que lui. Le
chapeau, d'abord très-bombé, finit par s'étaler
et devient presque plan ; il est rouge et légèrement écailleux ; son diamètre est habituellement
égal à la hauteur du pédicelle. Les lames sont
nombreuses, larges, inégales entre elles et parfaitement blanches. La Galmotte, aussi nommée
dans quelques cantons *Golmotte* et *Golmelle*,
tient une place importante dans le régime alimentaire des habitants des pays où elle abonde.
Dans quelques parties de la Lorraine et de la
Franche-Comté on mange autant de Galmottes
qu'on mange de Ceps et d'Oronges dans le Midi ;
ce champignon est un bon aliment, quoiqu'il ne
soit pas très-délicat. On trouve la Galmotte dans
les clairières des grands bois de tout l'Est de la
France, depuis le commencement de l'été jusqu'à la fin de l'automne. Lorsqu'on fait la récolte des Galmottes il ne faut prendre que les
plus grandes, qui ne peuvent ressembler à aucun champignon dangereux ; ceux d'entre ces
champignons qui pourraient être confondus avec
la Galmotte, sont petits ou de moyenne grandeur. La *fausse Galmotte* (*Amanite à verrues*)
n'est pas moins dangereuse que la fausse Oronge
elle-même ; sans ses dimensions moindres, elle

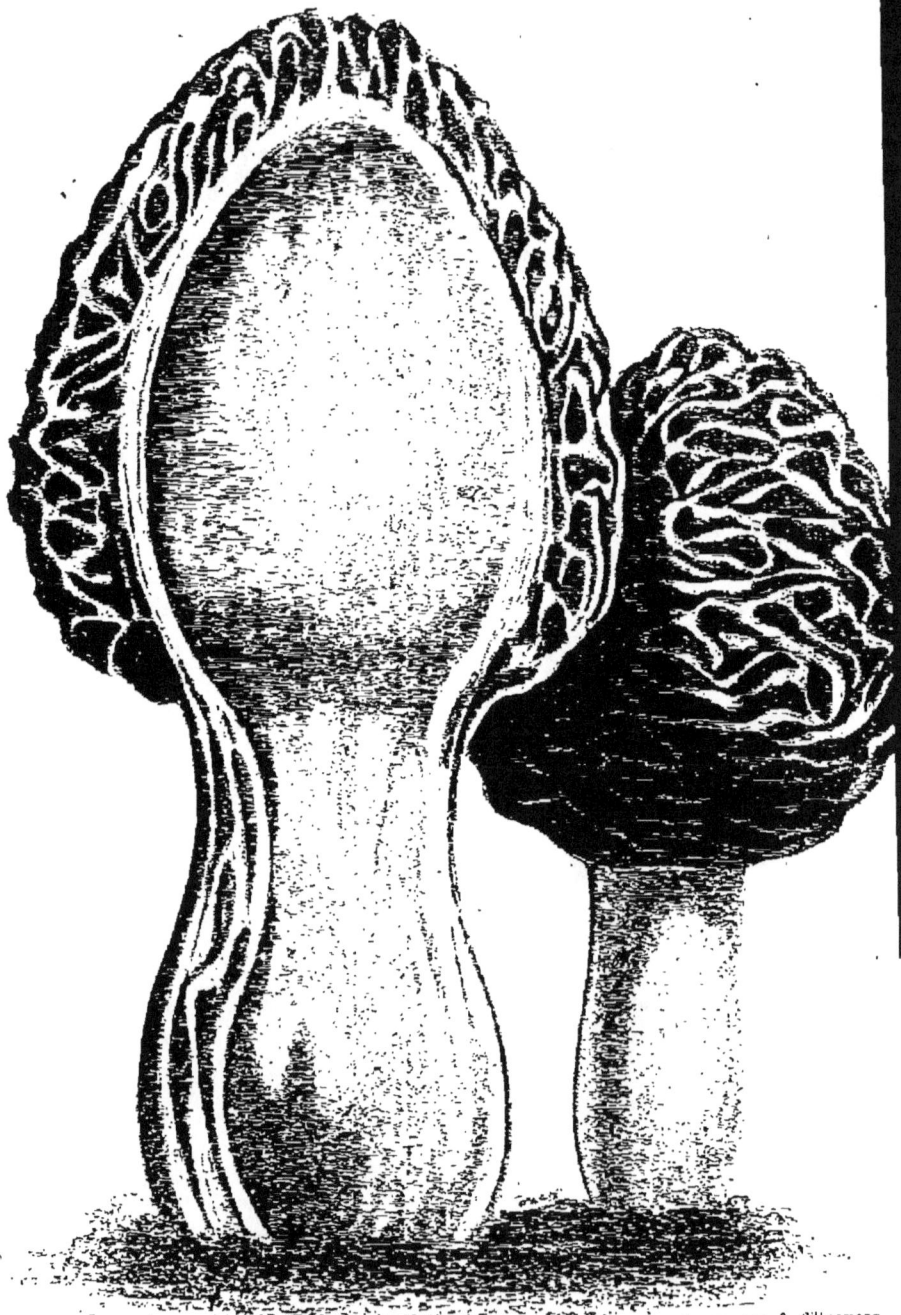

MORILLE (Morchelic esculenta).

Strasbourg, typ. G. Silbermann.

serait fréquemment confondue avec la vraie Galmotte, et donnerait lieu à de cruels empoisonnements.

Morille. La Morille, par sa conformation,
diffère essentiellement de tous les autres champignons. Ses spores, au lieu d'être contenues
entre des lames, comme chez les Agarics et les
Amanites, ou dans des tubes, comme chez les
Bolets, sont logées dans des cases formées exté-
rieurement par des membranes soudées entre
elles à la surface extérieure du chapeau, qui
conserve une forme oblongue arrondie, et dont
les bords ne se séparent jamais du support. Ces
particularités de la forme extérieure de la Morille la rendent suffisamment distincte pour
qu'elle ne puisse être confondue avec aucun
autre champignon, et comme toutes les variétés
de la Morille sont également saines et agréables
au goût, on peut en manger en toute confiance.
C'est un des champignons les plus répandus et
les moins exigeants quant au climat, car on le
trouve dans les bois pendant toute la belle saison, depuis notre frontière du Nord jusqu'à
celle du Midi; mais, si la Morille se rencontre
un peu partout, elle n'est commune nulle part,
et comme elle est toujours fort recherchée, elle
se maintient sur les marchés à un prix assez
élevé.

Bien que, de l'avis unanime des gastronomes, le premier rang ne puisse être disputé au Champignon délicieux, la Morille vient, sous le rapport de la délicatesse de son goût, immédiatement après ce champignon. Elle est si riche en principes animalisés, qu'il ne faut en manger que peu à la fois ; mais prise avec modération, soit seule, soit associée à d'autres aliments, la Morille n'est pas difficile à digérer. Sa forme particulière rend nécessaire, lorsqu'on récolte la Morille, de la couper au niveau du sol avec une lame bien affilée, au lieu de la détacher en l'arrachant, comme on le fait pour les autres champignons. Sans cette précaution, quelque soin qu'on prenne ensuite de bien laver les Morilles avant de les faire cuire, elles retiennent toujours dans les loges de leur chapeau quelques parties terreuses ou quelques grains de sable, qui les rendent désagréables à manger, malgré la délicatasse de leur saveur.

La Morille fournit à l'homme un excellent aliment, qui pourrait être abondant et à bas prix, si l'horticulture se mettait sérieusement à l'œuvre pour la multiplier artificiellement à volonté comme les champignons de couche, ce qui, d'après des expériences très-concluantes, ne semble pas offrir de bien grandes difficultés.

La Morille ne perd rien de ses propriétés alimentaires par la dessiccation ; elle peut être conservée sèche très-aisément d'une année à l'autre (voy. chap. III).

De l'aperçu qui précède sur les champignons comestibles du sol de la France, ressort un fait d'une importance majeure. Il ne faut, dans aucun cas et pour aucune considération, faire usage des champignons dont quelques personnes affirment avoir mangé impunément, soit accidentellement, soit de dessein prémédité, mais dont les propriétés alimentaires peuvent être plus ou moins douteuses. S'ensuit-il que tous les champignons comestibles que la nature nous prodigue à l'état sauvage doivent être perdus, et qu'il ne faut manger que des champignons cultivés ? Assurément, non. Tous ceux dont on vient de décrire les caractères peuvent être mangés sans crainte, et il n'est pas bien difficile de les distinguer avec certitude. Quant aux autres qui pourraient grossir la liste des champignons comestibles, on ne doit en user qu'avec la plus grande circonspection, parce qu'ils peuvent être trop aisément confondus avec de mauvais champignons.

CHAPITRE II.

CULTURE DES CHAMPIGNONS DE COUCHE A PARIS,
DANS LA CÔTE-D'OR, EN ANGLETERRE ET EN
BELGIQUE.

Procédé des maraîchers de Paris. La
culture des champignons pour la consommation
de la capitale est pratiquée sur une si grande
échelle, qu'elle constitue une branche distincte
et fort importante de l'industrie jardinière. Les
champignonistes, c'est le nom sous lequel on
désigne ceux qui pratiquent en grand cette industrie, opèrent avec des capitaux importants ;
ils ont un vocabulaire à eux, et comme ils s'a-
donnent exclusivement à un seul genre de travail, il n'est pas étonnant qu'ils l'aient porté à
une rare perfection. C'est, du reste, une industrie tout à fait moderne ; les vieux jardiniers se
souviennent encore du temps où l'on ne vendait
à la halle de Paris que des champignons obtenus
sur couche par les maraîchers ; ce produit du
jardinage était à cette époque, au commencement de ce siècle, assez rare et fort cher ; aujourd'hui, les champignons sont en toute saison
abondants et à bas prix, parce que les cham-

pignonistes savent en produire des quantités énormes avec beaucoup d'économie, en utilisant à cet effet les immenses souterrains dont on a extrait autrefois et dont on continue à extraire la pierre à bâtir pour les constructions de Paris. Quoique les champignons obtenus dans les carrières épuisées ne soient pas, pour la blancheur et la délicatesse, égaux aux champignons de couche des maraîchers, ces derniers ont dû renoncer d'une manière à peu près absolue à un genre de culture qui ne leur offrait plus aucun avantage, en raison de la baisse des prix.

Longtemps avant que les botanistes fussent d'accord pour considérer le Mycélium comme la plante, et le champignon comme la fructification, les jardiniers savaient que, pour avoir des champignons, il faut multiplier dans les meilleures conditions le blanc de champignons, c'est-à-dire, le Mycélium. C'est, en effet, la première chose dont il faut se préoccuper ; la production du blanc de champignons est la base, le point de départ de l'industrie des champignonistes parisiens.

Production du blanc de champignons. Quand les vieilles couches à champignons sont épuisées et qu'elles cessent de produire, on trouve, en les démontant, tout leur intérieur converti naturellement en blanc de champignons ; le Mycélium s'en est complétement emparé ; il s'y est étendu dans tous les sens, et a changé tout le fumier de la couche en une masse de filaments entrecroisés dans tous les sens. Habituellement, c'est cette masse découpée par morceaux plats, de forme carrée ou en losange, qu'on vend sous le nom de *blanc de champignons;* c'est aussi le seul blanc employé par les champignonistes pour la culture en grand du champignon comestible. Ce blanc a toujours un inconvénient ; il provient de couches épuisées ; il a donné une première fois, durant 3 ou 4 mois, sans interruption, autant de champignons qu'il en pouvait produire. Il peut donc arriver, et il arrive en effet assez souvent, que, placé à l'intérieur d'une nouvelle couche, ce blanc ne donne pas de champignons. Ces accidents sont rares chez les champignonistes qui opèrent sur de très-grandes masses de fumier, et qui le préparent avec beaucoup de soin, de sorte que beaucoup de couches prendraient le blanc, et donneraient des champignons sans avoir été garnies de blanc. Ils sont, au contraire, très-fréquents chez les particuliers qui essaient de monter des couches à champignons, et qui n'ont ni la même habilité ni la même expérience.

Pour être plus certain du succès, il faut donc préparer du blanc tout neuf, qui n'ait pas encore produit de champignons. A Paris, lorsqu'on veut *faire du blanc*, selon l'expression reçue, on y procède de la manière suivante. Après avoir fait subir au fumier toutes les préparations nécessaires pour en former les couches à champignons, de la manière qui sera décrite plus loin, on ouvre au pied d'un mur, à l'exposition du Nord, une fosse de 60 centimètres de profondeur, dont on rejette la terre des deux côtés. On égalise parfaitement le fond de la fosse, et l'on y dépose sur deux rangs, à 30 centimètres en tout sens, de petits fragments de blanc de champignons, divisé en plaques grandes à peu près comme la moitié de la paume de la main. Sur cette garniture de blanc, on étend très-également, à l'aide d'une fourche, le fumier tenu prêt d'avance, en donnant à la couche de fumier l'épaisseur de 30 centimètres. Alors on piétine fortement la couche, qui doit, par le tassement, se trouver réduite à la moitié environ de son épaisseur; puis on remet en place la terre extraite de la fosse. Le mois de juillet est l'époque de l'année la plus favorable au succès de cette opération.

Le Mycélium ne tarde pas à s'étendre dans toute l'épaisseur du fumier dont on l'a recouvert; le tout doit être devenu une masse uniforme de blanc de champignons, dans l'espace de 25 jours. Cette quantité de Mycélium, bien qu'elle provienne de vieux blanc qui a servi, peut être employée comme blanc neuf, parce que celui dont on s'est servi pour le faire naître était réellement en proportion très-faible par rapport à la quantité de Mycélium dont il a été l'origine. De quelque façon que le blanc de champignons ait été produit, soit qu'il provienne de vieilles couches épuisées, soit qu'il ait été préparé par le procédé qu'on vient de décrire, cette substance possède une singulière propriété dont peu de végétaux sont doués au même degré ; pourvu qu'on le tienne à l'abri de l'humidité, le blanc de champignons peut être conservé pendant un temps indéfini. Dans le *Manuel pratique de la culture maraîchère* (p. 308), MM. Moreau et Daverne assurent qu'après *douze ans de conservation*, il peut posséder encore toute son énergie vitale, et donner une récolte de champignons aussi abondante que celle qu'on peut attendre d'une couche garnie de blanc tout récemment préparé.

Ceux qui, étant placés à portée d'un centre de population qui leur en assure le placement, veulent cultiver un peu en grand le champignon de couche, doivent se procurer d'abord la petite quantité de vieux blanc, indispensable pour en faire du neuf. Si l'on craint de manquer les ma-

nipulations assez compliquées que doit recevoir
le fumier, et qui ne réussissent pas toujours,
quand on opère sur de petites quantités, on peut
recourir à divers procédés d'une exécution plus
simple et plus facile, et d'un résultat également
avantageux ; je donne ici les plus usités.

1º Après avoir préparé une fosse et en avoir
garni le fond de blanc de champignons par petits morceaux, espacés comme ci-dessus, on
remplit la fosse avec du crottin de cheval trié
dans du fumier frais, sans mélange de litière,
émietté, pour en former une masse très-homo-
gène, et plutôt un peu sec que trop humide. La
couche, bien tassée par le piétinement, ne doit
pas dépasser 20 à 25 centimètres d'épaisseur.
Le crottin d'âne ou celui de mulet, quand on
peut s'en procurer en quantité suffisante, est
préférable au crottin de cheval, et prend le blanc
avec plus de facilité.

2º Si l'on dispose d'avance d'une assez bonne
provision de blanc de champignons provenant de
la démolition d'une meule épuisée, on en larde
abondamment une couche de fumier de cheval,
après lui avoir laissé jeter son feu ; en 25 à 30
jours, la couche entière est convertie en blanc
de champignons ; mais ce moyen ne réussit pas
constamment.

3º On mélange très-exactement ensemble 80

parties de fumier de cheval à demi consommé, 20 parties de terre de jardin; l'on y ajoute un vingtième de la masse totale, de cendres de bois tamisées, avec autant de colombine fraîchement prise dans le pigeonnier. Le mélange étant aussi homogène que possible, on l'arrose abondamment avec de l'urine de bétail. Le fumier ainsi préparé est dressé en forme de couche, à la manière ordinaire, dans un lieu ombragé, ou mieux sous un hangar. La couche, bien piétinée, ne doit pas avoir plus de 30 centimètres de hauteur. Trois ou quatre fois par semaine, pendant un mois, on renouvelle le piétinement, ce qui réduit considérablement l'épaisseur de la couche. On l'abandonne alors à elle-même pendant deux autres mois, et au bout de ce temps on la trouve convertie en blanc de champignons. Ce qui distingue ce procédé exclusivement employé en Belgique et en Angleterre, c'est qu'on en obtient du blanc, sans en avoir employé primitivement pour le produire, de sorte que c'est réellement, dans le vrai sens du mot, du blanc vierge, doué de toute sa force de production; mais, en dépit de tous les soins possibles, ce moyen ne réussit pas toujours, tandis que par le procédé des champignonistes et celui qu'on indique ci-dessus, le succès est certain.

Préparation du fumier. Après qu'on s'est

approvisionné de blanc de champignon, sur la
bonne qualité duquel on peut compter, il s'agit
d'apporter le plus grand soin aux diverses préparations que doit recevoir le fumier ; tout le
succès de la culture du champignon en dépend.
La préparation ne dure pas moins de trois mois ;
c'est le temps sur lequel il faut compter en
moyenne pour calculer, au début de l'opération, vers quelle époque il est permis d'en espérer les premiers produits. C'est en automne
et au commencement de l'hiver que les champignons sont le plus recherchés ; pour en avoir à
récolter en cette saison, la préparation du fumier doit être commencée en juillet.

On doit avant tout apporter le plus grand soin
dans le choix du fumier ; celui des animaux
nourris en partie au vert et qui ne reçoivent
qu'une faible ration d'avoine, ne contient pas
les éléments nécessaires au succès de la culture
du champignon ; il prend mal le blanc, et cette
circonstance seule suffit pour faire échouer
complétement ce genre de culture, entrepris
d'ailleurs dans les meilleures conditions et conduit de la manière la plus rationnelle. A Paris,
il n'y a jamais lieu de craindre une semblable
cause de désappointement ; le fumier que les
champignonistes emploient proviennent des chevaux
de luxe ou de travail qui font le service des

transports à l'intérieur de Paris; ces chevaux
sont également bien nourris toute l'année, et
leur fumier réunit tous les éléments requis pour
la formation des couches à champignons. On
forme les tas de fumier, autant que possible, sur
un terrain un peu élevé et sec; il est abandonné
à sa fermentation naturelle pendant 35 à 40
jours. On peut abréger ce temps de quelques
jours lorsque, durant cet intervalle, la température a été à la fois chaude et humide, ce qui
à dû rendre la fermentation plus active.

Le fumier étant à son point, commence le
travail le plus délicat et le plus important de
toute l'opération. Le tas de fumier est démonté;
on le remanie par petites portions avec la
fourche, afin de l'éplucher, s'il est permis de se
servir ici de cette expression. Il ne faut y laisser
ni litière sèche, ni foin, ni fragments de bois
ou de racines, toutes substances sur lesquelles
le blanc ne prend pas; quand le fumier a été
bien travaillé, il ne doit y rester que le crottin
de cheval à demi décomposé et une partie de la
paille qui a été fortement imbibée d'urine et a
subi, elle aussi, un commencement de décomposition.

A mesure que le fumier est ainsi préparé, on
le dispose en tas de forme carrée, dont l'épaisseur ne doit pas être de plus de 60 à 70 centi-

mètres ; les bords du tas , que les champignonistes nomment *plancher*, sont dressés à angle
droit et soigneusement parés ; puis le plancher
est fortement comprimé par le piétinement. Il
faut alors *mouiller* le plancher, c'est-à-dire l'arroser largement, afin qu'il soit complétement et
très-également pénétré d'eau dans toutes ses
parties ; après quoi on le trépigne une seconde
fois avec autant de soin qu'à la première. Si ce
travail a été convenablement exécuté, on en est
averti rien qu'en observant la manière dont le
fumier fermente ; il doit en quelques jours dé-
velopper une forte chaleur et se couvrir à sa
surface d'une moisissure blanche, présage assuré du succès ; ce mouvement de fermentation
doit s'accomplir en 8 à 10 jours. Au bout de ce
temps, il faut encore démonter le tas, le retra-
vailler à la fourche comme la première fois, et
le remonter aussitôt, en ayant soin de remettre
à l'intérieur toute la partie du fumier qui for-
mait les côtés du tas démonté et qui se trouvait
ainsi exposé au contact de l'air. Le tas reformé
n'a plus besoin d'être arrosé ; on le trépigne modérément et on le laisse encore 8 à 10 jours en
cet état. La première partie du travail est alors
terminée ; il ne reste qu'à s'occuper du soin de
monter les couches, que les champignonistes
nomment *meules*. Si tout a bien réussi, le fumier

doit avoir perdu son odeur primitive ; il est devenu brun au dehors, homogène, souple, onc-
tueux, doux et gras au toucher ; l'intérieur du
tas est d'un blanc bleuâtre, pas trop sec, mais
modérément humide. Si l'on compare alors le
volume du fumier ainsi traité avec celui du même
fumier quand il a été apporté pour la première
fois sur le terrain, on trouve qu'il est énormé-
ment réduit ; c'est ce qui rend fort coûteuse la
culture du champignon de couche, surtout
quand, faute d'habitude et d'habileté pratique,
on ne réussit pas à amener par le travail qui
vient d'être décrit, le fumier à l'état précis dans
lequel il est apte à bien prendre le blanc ; car,
en dehors de ces conditions, les meules montées
avec ce fumier peuvent, après qu'on a pris beaucoup de peine et dépensé beaucoup d'argent,
ne produire rien ou presque rien. Je répète ici
l'avertissement de ne compter sur le succès,
même avec tout le soin et toute l'habileté dési-
rable, que si l'on opère un peu en grand, sur
15 à 20 mètres cubes de fumier sortant de l'écurie, lequel se réduira à 5 ou 6 mètres cubes au
moment de s'en servir pour monter les couches.

Il importe de rectifier une erreur répandue au
sujet de la valeur du fumier des couches à
champignons, qu'on démonte parce qu'elles
ont cessé de produire. Ce fumier, qui a réelle-

ment perdu la plus grande partie de ses propriétés fertilisantes, peut cependant encore être utilisé jusqu'à un certain point par la grande culture ; dans les jardins il nuit particulièrement au fraisier, dont il rend les feuilles jaunes, puis rougeâtres, et les fruits durs et de nulle valeur. Il ne faut donc pas croire, comme l'affirment quelques auteurs, que le fumier qui a servi à la confection des meules, bien qu'il ait perdu une partie de ses matières fertilisantes, peut être revendu à peu près *la moitié de ce qu'il a coûté* (Dupuis, *Traité élémentaire des champignons*, p. 39). Il est vrai que du fumier de bonne qualité, acheté neuf 6 fr. le mètre cube, peut être vendu 3 fr. le mètre cube, après qu'il a servi à faire des meules à champignons ; mais, ce qu'il faut ajouter, c'est que son volume s'est réduit des deux tiers. Ainsi, le champignoniste qui achète 18 mètres cubes de fumier neuf à 6 fr. le mètre cube, dépense réellement 108 fr.; quand les couches faites avec ce fumier ne donnent plus de champignons et qu'elles doivent être démontées, leur volume est réduit de 18 mètres cubes à 6 mètres cubes, qui trouvent acheteurs à 3 fr. le mètre cube ; le champignoniste peut donc en retirer 18 fr., ni plus ni moins, et non pas 54 fr., somme qu'il devrait pouvoir en obtenir, si ce fumier avait effectivement conservé la moitié de sa valeur vénale. C'est là-dessus qu'il faut calculer, sous peine de s'exposer à de sévères mécomptes.

La culture du champignon comestible par la méthode des champignonistes de Paris n'a de chances de succès qu'autant que l'on a la possibilité de se procurer en grande quantité du fumier de cheval de qualité convenable, élément indispensable qui manque partout où l'on est éloigné des grandes villes, chaque fermier ayant absolument besoin de tout le fumier produit dans son exploitation, et se trouvant dans l'impossibilité d'en vendre, n'importe à quel prix. Cet obstacle ne doit pas faire renoncer à la culture du champignon comestible ; il rend seulement nécessaire de recourir à d'autres procédés, quoique la supériorité de celui des champignonistes parisiens ne puisse être contestée.

Formation des couches ou meules à champignons. On donne aux meules à champignons une hauteur de 66 centimètres et la même largeur à la base ; leur forme doit être établie en dos d'âne, de sorte que le sommet, légèrement bombé, n'a pas plus de 45 à 50 centimètres de large. Le travail du montage des meules se fait en reculant ; le fumier, régulièrement placé couche par couche, est tassé légèrement, en appuyant dessus avec le dos de la fourche ; quand la meule est toute montée, habituellement sur une longueur de 8 à 10 mètres, on passe sur ses côtés les dents de la fourche, afin d'en retirer ce qui peut y rester de paille ou de litière un peu longue ; c'est ce qu'on nomme *peigner* la meule. La meule étant bien peignée, il faut la battre légèrement de tous les côtés avec le revers d'une bêche. Il y a encore, à ce moment de l'opération, une grande attention à prendre, faute de quoi tout peut manquer. Il faut de temps en temps plonger la main dans l'intérieur de la meule, avec précaution, pour la déranger le moins possible, afin de s'assurer de sa température. La fermentation du fumier ayant été précédemment à peu près épuisée, la meule ne peut plus produire une très-forte chaleur, cependant elle se réchauffe encore très-sensiblement, et dès qu'elle est devenue suffisamment tiède, ce qui a lieu ordinairement au bout de 4 à 5 jours, il est temps d'y mettre le blanc ; c'est ce que les champignonistes nomment *larder* la meule.

J'insiste sur ce point que, si la meule est lardée *avant* de s'être assez réchauffée, elle prend mal le blanc, et que, si elle est lardée *après* qu'elle s'est tout à fait refroidie, elle ne le prend pas du tout. Quelques champignonistes lardent leurs meules sur un seul rang ; ce sont ceux qui peuvent compter sur la bonne qualité du blanc qu'ils emploient; voici comment ils y procèdent. A des distances égales de 30 centimètres, et à 5 centimètres du niveau du sol, on pratique, en soulevant le fumier de la meule, des ouvertures égales à la largeur de la main. Dans chaque ouverture, à mesure qu'on écarte le fumier, on insère une petite galette carrée de blanc de champignon; ces morceaux de blanc sont nommés par les champignonistes *des mises*. Il importe d'enfoncer suffisamment la mise, et de la bien recouvrir de fumier, afin que le blanc ne soit exposé ni au contact de l'air, ni à celui de la lumière qui peut accidentellement arriver sur la meule. Pour peu qu'on ait lieu de craindre que le blanc ne prenne pas parfaitement, on doit, comme le font la plupart des champignonistes, larder les meules sur deux rangs. Le second rang de *mises* est inséré dans la meule de la même manière que le premier et avec les mêmes précautions, en ligne horizontale, à 20 centimètres au-dessus du premier rang. La grandeur ordinaire des mises de blanc de champignons est de 8 centimètres de long sur 5 de large, et 2 ou 3 d'épaisseur.

Quand la couche a été lardée, si elle est établie dans un souterrain, il n'y a qu'à la laisser en cet état pendant 10 à 12 jours; c'est le

temps ordinairement nécessaire pour que la
meule prenne bien le blanc, ce dont on s'assure en visitant les places où ont été introduites
les mises de blanc de champignons ; le succès
est certain si, à chacune de ces places, on voit
de longs filaments blancs rayonner autour de
chaque mise de blanc dans tous les sens. Ce
point important vérifié, il ne reste plus qu'une
dernière façon à donner aux meules à champignons ; il s'agit de couvrir de tous les côtés leur
surface d'un revêtement de terre sèche et très-
douce, c'est-à-dire, exempte de pierres et de
cailloux. A part ces deux conditions, la terre
dont les couches sont revêtues ne devant con-
tribuer en rien à la croissance des champignons,
ses qualités plus ou moins fertiles sont indiffé-
rentes. Les champignonistes de Paris se servent
à cet effet du tuf pulvérisé pris dans les gale-
ries des carrières abandonnées, où s'exerce leur
industrie ; ce tuf calcaire est par lui-même d'une
stérilité absolue. C'est ce qu'on nomme *gopter*
les meules à champignons ; l'épaisseur ordinaire
du revêtement d'une meule goptée ne doit pas
dépasser 2 à 3 centimètres. La manière d'appliquer cette couverture de terre sur la meule
exige une certaine habileté ; après avoir déposé
en tas, de distance en distance, dans les pas-
sages ménagés pour le service entre les meules,

la terre préparée pour gopter, on la reprend à la pelle, par petites portions, on la jette sur les flancs de la meule, et à mesure qu'elle y retombe, on la consolide, en frappant légèrement dessus avec le revers de la pelle.

Il doit ensuite s'écouler un intervalle de 15 à 20 jours, selon l'état plus ou moins favorable de la température, jusqu'à ce que le champignon apparaisse sous forme de petits globules, que les champignonistes nomment *grains*, à la surface de la couche. Le grain ou rudiment de champignons apparaît toujours en masses de forme arrondie, parce que les brins du Mycélium divergent dans tous les sens à partir du centre de chaque mise de blanc de champignons. Les champignonistes nomment ces masses des *rochers* de champignons; les rochers de champignons commencent à se montrer 4 ou 5 jours après que le *grain* a fait sa première apparition à la surface de la couche; c'est seulement alors que le champignoniste est récompensé de sa peine et rentre dans ses avances. Il faut une certaine habileté pour détacher le pédicelle du champignon, en le faisant tourner sur lui-même, afin de déranger le moins possible les champignons naissants dont se compose chaque rocher, et qui adhèrent à la base de ceux qu'on enlève; la récolte peut se prolonger trois mois et même au delà ; durant cet intervalle, on peut cueillir des champignons tous les deux jours. Quelquefois, mais rarement, la meule paraissant épuisée, il se reforme dans son intérieur de nouveau Mycélium, qui, après 50 à 60 jours de repos, produit des champignons en quantité égale à celle de la première récolte. Ce phénomène ne se produit que par hasard chez les champignonistes de profession, qui ne peuvent compter sur une pareille chance, et qui s'empressent de démonter une meule dès qu'elle cesse de produire ; il n'est pas rare, au contraire, qu'une seconde récolte se produise après deux mois d'intervalle, sur les meules établies dans une cave, pour la production des champignons destinés à la consommation d'un ménage, et qui ne sont pas cultivés dans le but d'en envoyer la récolte au marché. Dans ces conditions on ne doit donc pas trop se hâter de démonter trop tôt une meule dont, après un certain intervalle, on peut espérer une seconde récolte de très-bons champignons.

Chaque fois qu'on cueille des champignons sur une meule, on doit combler soigneusement les vides ou creux formés dans son revêtement par l'enlèvement des champignons ; on se sert à cet effet de la même terre qui a été employée pour gopter la meule. En arrosant la meule avec

une solution légère de nitrate de potasse (sel de
nitre), au moment où la production des champignons paraît se ralentir, on peut la ranimer et
prolonger la récolte d'une quinzaine de jours;
c'est ce que font rarement les champignonistes,
parce que le résultat de ces arrosages n'est jamais assez assuré ni assez abondant; mais dans
les conditions d'une culture dont les produits ne
doivent pas être vendus, on peut employer ce
moyen d'avoir un peu plus longtemps des champignons à récolter, en attendant le produit des
nouvelles meules établies pour avoir des champignons sans trop d'interruption.

Sur les couches montées dans une cave et
adossées à un mur, n'ayant par conséquent
qu'un seul versant, il arrive quelquefois que,
vers la fin de la récolte, le Mycélium sort de la
couche du côté du mur, s'allonge sur sa surface,
et donne encore une assez grande quantité de
très-bons champignons, après quoi la meule sur
laquelle ce phénomène a été observé, peut être
considérée comme complétement épuisée.

**Culture du champignon à la cave et
à l'air libre.** Les procédés de culture du champignon de couche tel que je viens de le décrire,
peuvent être pratiqués de point en point, sans
aucune modification, sur une échelle restreinte,
dans une cave dont on bouche les soupiraux, et

dont on tient la porte fermée, afin d'empêcher la lumière d'y pénétrer. Si l'espace manque, on peut, au moyen de tasseaux, garnir les murs de la cave de planches de 80 centimètres de large, sur lesquelles on établit deux ou trois étages de meules. J'ai déjà dit qu'après trois mois de préparation de la manière ci-dessus indiquée, le fumier se refuse à prendre le blanc; c'est ce qui a lieu surtout quand on n'a pas fait fermenter à la fois une assez grande masse de fumier. En fait, il est à peu près inutile de tenter d'appliquer sur une trop petite échelle les procédés de culture des champignons comestibles employés par les champignonistes de Paris; on serait trop certain d'avance de ne pas réussir.

Ces mêmes procédés, lorsqu'on ne dispose ni d'une cave, ni d'un souterrain, donnent d'excellents résultats à l'air libre, pourvu toutefois qu'on opère sur une masse de fumier assez considérable. On doit dans ce cas préparer le fumier comme il est dit ci-dessus, et quand il est arrivé au degré de fermentation désiré, monter les meules par lignes parallèles, dans une partie du potager suffisamment ombragée, les larder, les gopter, et aussitôt après cette dernière opération, les couvrir complétement sur toute leur surface, d'un revêtement mobile de paille fraîche, que les maraîchers nomment *chemise*.

Chaque fois qu'on veut s'assurer de l'état de la meule, voir si le blanc a bien pris, si le grain s'est formé, si le moment de la récolte approche, il faut soulever avec précaution la chemise et la replacer aussitôt; car le contact de la lumière nuit toujours sensiblement aux meules à champignons. Cette précaution est encore plus indispensable tant que dure la récolte; la chemise ne doit être que soulevée de place en place; on la remet, à mesure qu'on avance, sur les parties de la meule dont les champignons viennent d'être enlevés.

Culture du champignon par l'ancienne méthode. Quand on ne cultive que pour fournir à la consommation d'une famille, et qu'on n'est pas, comme les jardiniers de profession, forcé de chercher à obtenir la plus forte somme de produits possible sur une surface d'une étendue déterminée, on peut, au lieu des procédés compliqués de la culture maraîchère actuelle, s'en tenir à l'ancienne méthode usitée en France depuis la fin du quinzième siècle; méthode dont on trouve la description fort exacte dans un ouvrage devenu rare, intitulé le *Jardinier François*, imprimé à Paris en 1692.

Il faut, selon ce livre, rempli d'ailleurs d'excellents renseignements, dresser une couche à la manière ordinaire avec du fumier de mulet ou d'âne, et la couvrir de quatre doigts de terreau. Quand cette couche a jeté sa plus grande chaleur, on l'arrose avec de l'eau dans laquelle on a lavé des champignons épluchés pour les faire cuire; on distribue aussi à la surface de la couche des épluchures de champignons; la couche se couvre de champignons au bout de quelque temps; en renouvelant les arrosages avec les lavures de champignons, la même couche en peut donner pendant deux ou trois ans. On en obtient également de très-bons, en arrosant de même des couches à melons.

A défaut de fumier de mulet ou d'âne, on peut se servir de fumier de cheval et monter la couche dans un coin bien abrité contre l'action des vents et la violence des pluies. La couche ainsi préparée comme une bonne couche chaude pour toute autre destination, est couverte de terreau, et quand sa plus forte chaleur est passée, arrosée avec des lavures de champignons, et gouvernée du reste comme les couches à champignons faites avec du fumier de mulet ou d'âne.

Telles sont les indications du *Jardinier Français*, interprète fidèle des usages et des méthodes suivies du temps où il a été écrit, méthodes qui, à cette époque, avaient peu changé depuis deux siècles. Je fais remarquer que cette manière d'obtenir des champignons, excellente

dans un jardin particulier, ne comporte aucune
comparaison avec celle des champignonistes de
Paris, dix fois plus productive et d'un résultat
assuré ; elle est surtout défectueuse en ce que
les anciens jardiniers français ignoraient l'art
de se servir du blanc de champignons, et de le
faire multiplier à volonté, comme savent le faire
ceux de nos jours. Dans les jardins particuliers,
où l'on voudra s'en tenir à l'ancienne méthode,
on fera bien, après que la couche aura jeté son
feu, de la larder avec de bon blanc de champignons, comme si le fumier qu'on emploie avait
subi pendant trois mois les manipulations ci-
dessus indiquées. On obtiendra de cette manière
moins de champignons que par la méthode des
champigñonistes de Paris ; mais la production
en sera régulière et prolongée, et ils seront
d'excellente qualité.

Pour que les champignons soient aussi abondants et aussi bons qu'ils peuvent l'être, il est
indispensable de tenir les couches constamment
couvertes de leur chemise de paille, absolument
comme doivent l'être les couches à champignons
établies à l'air libre.

Maladies des champignons. Quand on
néglige de préserver les couches à champignons
d'un excès d'humidité, surtout lorsqu'elles sont
établies à l'air libre ou dans une cave qui n'est

pas suffisamment saine, il arrive assez souvent que la surface du chapeau des champignons se couvre de taches couleur de rouille. Ces taches nuisent à la vente, en donnant au champignon un aspect peu agréable; mais elles ne pénètrent pas au delà de l'épaisseur de la pellicule qui doit, dans tous les cas, être enlevée, et elles ne communiquent aux champignons aucune propriété malfaisante.

Une autre maladie bien plus sérieuse du champignon comestible, c'est celle que les champignonistes de Paris nomment *mole* ou *molle*. Cette maladie laisse à peu près au champignon sa couleur et même son odeur naturelle; mais elle le déforme, le ramollit, le change en une masse spongieuse, insipide ou bien d'une saveur fade et désagréable. Le champignon atteint de la molle, n'est pas devenu vénéneux, comme bien des gens le croient, à tort; mais il a perdu toutes ses propriétés alimentaires, et il a cessé d'être mangeable. Quand cette maladie fait invasion sur une meule à champignons, cette meule doit être démontée sans perte de temps; car le mal se propagerait rapidement d'une meule à une autre; on doit donc se hâter d'en enlever le fumier et de lui donner une autre destination.

Culture des champignons dans la Côte-

d'Or. J'appelle toute l'attention des amateurs de champignons sur la méthode suivante, introduite par M. Lavalle (de Dijon), pratiquée avec succès dans la Côte-d'Or, et moins connue qu'elle ne mérite de l'être. Comme la méthode des champignonistes parisiens, la méthode de la Côte-d'Or offre le très-grand avantage de ne pouvoir produire que de bons champignons ; le succès de cette méthode peut être plus ou moins complet ; elle peut donner des récoltes plus ou moins abondantes, mais tous les champignons qu'elle donne sont bons, et peuvent être livrés à la cuisine avec une entière sécurité.

On fait provision, en quantités égales, de bonne tannée et de fumier de cheval ; on en forme deux tas séparés, auxquels on laisse subir, pendant 7 à 8 jours, un commencement de fermentation. Il faut avoir soin de couvrir les tas, soit avec des paillassons, soit avec de la paille fraîche, afin qu'ils ne puissent être alternativement exposés à se trouver mouillés avec excès par la pluie, ou desséchés par l'ardeur du soleil. On ouvre alors une fosse de 1m,25 de profondeur. On garnit d'abord le fond de cette fosse d'un lit de fumier de 60 centimètres d'épaisseur ; ce fumier ne doit point être piétiné ; il suffit de le tasser légèrement et très-également, en le frappant sur toute sa surface avec le dos d'une

fourche à dents de fer. Le fumier ainsi disposé
est recouvert de 15 centimètres de tannée, sur
laquelle on étend un nouveau lit de fumier de
30 centimètres d'épaisseur ; puis, par dessus ce
fumier, un autre lit de 5 centimètres seulement
de tannée, et enfin, pour terminer la couche,
5 centimètres de fumier. La couche doit rester
3 semaines en cet état, afin qu'elle jette son
feu, après quoi on la recharge encore de 5 centimètres de tannée et d'autant de fumier. Pour ce
dernier chargement, on se sert, non pas de fumier, mais de crottin de cheval, d'âne ou de
mulet, sans mélange de litière, grossièrement
émietté, afin qu'il puisse être réparti le plus
également possible sur toute la surface de la
couche. D'après cette méthode, la couche, ainsi
préparée, doit être fortement piétinée, après
quoi il ne reste plus qu'à y mettre le blanc. On
en insère quelques *mises* sous le crottin ; la plus
grande partie est posée à plat sur la surface de
la couche, à découvert. Cela fait, on tamise par
dessus le blanc de champignon quelques centimètres de terreau bien sec, réservé à cet effet ;
on recouvre la couche d'une *chemise* de paille
ou de litière longue, et l'on attend. Au bout de
8 à 10 jours, on arrose largement la couche
avec de l'urine de cheval, on lui remet sa chemise, et 35 à 40 jours plus tard, les champi-

gnons commencent à se montrer. La production des champignons, par ce procédé, est beaucoup moins abondante que sur les meules établies selon la méthode des champignonistes de Paris ; mais, par une sorte de compensation, elle est beaucoup plus prolongée.

Culture du champignon en Angleterre. La méthode anglaise pour la culture du champignon comestible est la plus simple de toutes ; voici en quoi elle consiste. On fait trier dans un tas de fumier tout le crottin, sans y laisser un seul brin de litière ; on l'émiette soigneusement, et l'on en forme, dans un local bien abrité, une couche de 20 à 25 centimètres d'épaisseur. La couche, ayant été modérément arrosée, est ensuite piétinée, pour réduire son épaisseur à 10 ou 12 centimètres ; elle est alors abandonnée à elle-même pendant une quinzaine de jours, si la température est froide, et 10 à 12 jours seulement, si elle est douce. Au bout de ce temps, elle est en état de recevoir le blanc, dont on insère les mises de distance en distance, environ à la moitié de l'épaisseur de la couche. On répand alors par dessus un peu de terreau sec bien émietté, et si la couche est établie dans un local où la lumière puisse donner sur sa surface, on la recouvre d'une chemise de paille ou de litière longue ; les champignons s'y montrent au bout d'un temps plus ou moins long, selon l'état de la température. Souvent, en Angleterre, les jardiniers de profession qui possèdent une serre tempérée à un seul versant, utilisent le côté nord du mur du fond de la serre, en y adossant un hangar en planches, ou même une construction légère en brique, couverte d'un toit en appentis. Dans cette construction, le mur du fond est garni de 5 ou 6 étages de planches de 70 à 80 centimètres de large, soutenues par des tasseaux. Sur ces planches on monte des couches à champignons, préparées comme je viens de l'indiquer, qui produisent en abondance, et qu'on renouvelle dès qu'elles sont épuisées. Le crottin de cheval qui a servi à ce genre de culture du champignon comestible, possède encore une partie de ses propriétés fertilisantes; il peut être employé, soit pour la grande culture, soit pour celle des légumes communs dans le potager.

La méthode anglaise est d'autant plus productive qu'il règne une température plus douce dans le local où elle est pratiquée. Dans beaucoup de grandes hôtelleries d'Angleterre, une couche à champignons est installée dans un grand tiroir adapté à cet effet sous la table de la cuisine. Les champignons y viennent d'autant mieux que leur croissance est singulièrement

favorisée par la chaleur qui règne habituellement dans la cuisine d'une hôtellerie. Mais la
pratique de la méthode anglaise dans une cuisine, ou dans tout autre lieu où l'on se tient
constamment, a pour grave inconvénient l'odeur
ammoniacale de fumier en décomposition qu'exhale toujours le crottin dont la couche est for-
mée. Cette odeur est quelquefois si prononcée
qu'elle incommode les gens et peut faire tourner les sauces. La méthode suivante, fort usitée
en Belgique, offre les mêmes avantages que la
méthode anglaise, et elle est exempte de l'inconvénient grave qui vient d'être signalé.

Méthode belge du baron d'Hoogworst.
Dans le but d'éviter toute mauvaise odeur,
M. d'Hoogworst supprimait de ses couches à
champignons le fumier ou le crottin de cheval,
d'âne ou de mulet ; après divers essais, il avait
adopté la bouse de vache sèche pulvérisée, substance qui ne fermente pas et ne peut donner
lieu par conséquent à aucun dégagement de gaz
d'une odeur désagréable ; peut-être l'idée d'employer cet élément de production pour faire
croître le champignon comestible, lui avait été
suggérée par l'observation d'un fait facile à vérifier : dans les prairies qui ont été livrées au
pâturage des bestiaux, c'est toujours sur les
places où des bouses de vache se sont desse-

chées que les champignons se montrent en plus grand nombre en automne.

La méthode du baron d'Hoogworst pour la culture du champignon comestible n'est pas plus compliquée que la méthode anglaise. Il faut d'abord faire provision de bouse de vache, qu'on fait sécher complétement à l'air libre, et que l'on pulvérise avec soin. La poudre de bouse de vache doit être conservée à l'abri de l'humidité. Pour monter une couche à champignons, on étend sur le sol un lit de cette poudre, de quelques centimètres d'épaisseur, qu'on arrose largement avec de l'eau dans laquelle on a fait dissoudre du nitrate de potasse (sel de nitre) dans la proportion de 10 grammes par litre. On monte ainsi successivement la couche, lit par lit, en mouillant à mesure qu'on remet de nouvelle bouse de vache pulvérisée, jusqu'à ce que la couche ait une épaisseur de 15 centimètres, qu'on réduit à un décimètre par le piétinement. Après avoir bien égalisé le dessus de la couche, on y déposera le blanc de champignons; les couches de ce genre ne doivent pas être lardées comme les meules des champignonistes parisiens ou les couches de crottin des jardiniers anglais; il faut, de quelque manière que le blanc dont on se sert ait été produit, le lever par grandes plaques minces, et l'étendre sur toute la surface de la couche. Cela fait, on mêle exactement et par parties égales, de bonne terre de jardin et de la bouse de vache pulvérisée ; on saupoudre de ce mélange le blanc de champignons étendu sur la couche, jusqu'à ce qu'il en soit parfaitement recouvert, à l'épaisseur de 5 à 6 centimètres. On termine l'opération, en tamisant sur le tout 2 ou 3 centimètres de terre sèche pulvérisée. Quand la température est douce, les champignons commencent à se montrer au bout de 35 à 40 jours ; ils ne paraissent qu'après 55 à 60 jours quand la température est froide.

Les couches à champignons selon la méthode d'Hoogworst peuvent être établies dans toute espèce de local habité, leur odeur étant parfaitement nulle ; comme elles tiennent très-peu de place, on peut, comme les couches montées à l'anglaise, les loger dans un tiroir de table de cuisine, dans une écurie ou une étable sur un dressoir établi à cet effet, dans une cave saine ou partout ailleurs, selon les dispositions de l'habitation ; elles ne manquent jamais leur effet et donnent très-longtemps d'excellents champignons, surtout lorsqu'on a soin d'arroser modérément ces couches de temps à autre avec la même eau nitrée dont on s'est servi pour les former en premier lieu ; mais il ne faut pas en espérer cette production d'une merveilleuse abondance, qui saisit d'étonnement ceux qui voient pour la première fois en plein rapport les meules d'un champignoniste parisien.

CHAPITRE III.

CULTURE DU PALOMET, DE L'AGARIC ATTÉNUÉ, DU CHAMPIGNON NAPOLITAIN.

Culture du champignon Palomet dans les Landes. J'ai fait remarquer que, de même que les divers végétaux utiles à l'homme à quelque titre que ce soit, toutes les espèces de champignons comestibles, sans exception, pourraient et par conséquent devraient être cultivées; il ne s'agirait pour cela que d'étudier les conditions de leur végétation naturelle à l'état sauvage, et de reproduire ces conditions artificiellement. On y gagnerait une très-grande sécurité dans l'usage de ce genre d'aliment, aucun champignon d'espèce nuisible ne pouvant être mêlé aux bons champignons obtenus par la culture, et, au lieu de compter sur une production aléatoire qui manque assez souvent, on serait toujours en mesure de proportionner la production des diverses espèces de champignons comestibles aux besoins de la consommation : c'est ce que font les habitants d'une partie du département des Landes, pour le champignon Palomet, dont ils se nourrissent pendant plu-

sieurs mois, et qui, par ce moyen, n'a jamais
donné lieu à aucune méprise funeste, quoiqu'il
ressemble assez à divers champignons dangereux.

Après avoir mis à part une bonne quantité de
Palomets parvenus à tout leur développement,
ils en remplissent un grand chaudron et les font
bouillir à grande eau pendant un bon quart
d'heure. Cette eau étant refroidie, ils en arrosent
largement la terre nettoyée et légèrement ratis-
sée, sous un bosquet de chênes verts. La place
à Palomets ainsi préparée est entourée d'une
palissade, afin que les porcs et le gros bétail,
fort avides de ce genre de champignons, ne
puissent en faire leur profit. Il est très-probable
que l'usage de faire cuire les Palomets est fondé
seulement sur la routine, et que si, pour arroser les places à Palomets, on préparait seulement l'eau nécessaire par simple macération, on
obtiendrait le même résultat. On connaît si peu
la véritable nature des spores des champignons,
sorte de germe qui fait pour ces végétaux les
fonctions de semences, qu'il n'y a rien d'étonnant à ce que les spores du Palomet résistent à
la chaleur de l'eau bouillante qui ferait périr les
germes d'une foule d'autres graines ; mais il est
permis de croire que l'ébullition n'est nullement
nécessaire au succès de l'opération.

Les habitants des Landes cultivent de la même manière le Bolet comestible (Cep, Bruguet, Gyrolle). Ce procédé est tout ce qu'il y a de plus primitif ; en voyant à quel point il réussit, on ne peut douter de la facilité avec laquelle on arriverait par quelques essais bien dirigés à la reproduction illimitée de toutes les espèces de bons champignons. Les places à Palomets à l'ombre des chênes verts ne sont pas longtemps productives, peut-être par la raison qu'on y récolte jusqu'au dernier champignon, au lieu d'en laisser un certain nombre pourrir sur place, pour assurer leur reproduction par semis naturel ; on doit renouveler tous les ans les places à Palomet. Le procédé de culture que je viens de décrire (si cela peut se nommer une culture), peut recevoir de grandes améliorations.

Culture de l'agaric atténué. Dans plusieurs de nos départements de l'Ouest, l'année où les champs de céréales ont reçu une fumure complète, ils se couvrent en automne de champignons comestibles à support mince et allongé que les botanistes nomment *Agaric atténué* et qui possèdent la saveur et les propriétés alimentaires du champignon de couches. Ce champignon, dont bien des gens se méfient, craignant de le confondre avec des champignons dangereux, peut aisément être reproduit à volonté par la culture ; voici comment on y procède. On scie horizontalement à l'épaisseur de 3 à 4 centimètres seulement de minces rondelles de bois de peuplier tout récemment abattu, dont une surface a été frottée avec les lames broyées de l'agaric atténué parvenu à tout son développement. Au printemps, ces rondelles sont enterrées très-près les unes des autres, dans un sol frais et bien aéré ; les rondelles ne doivent être recouvertes que de quelques centimètres de terre et la surface qui a été frottée avec les lames d'agaric atténué, doit être placée en dessus ; pendant les sécheresses prolongées, cette sorte de champignonière doit être arrosée de temps en temps ; elle ne réclame pas d'autre soin de culture que celui de la sarcler aussi souvent qu'il est nécessaire, pour qu'elle soit toujours nette de mauvaise herbe. Les champignons ne s'y montrent qu'au commencement de l'automne ; à mesure qu'on les récolte, ils repoussent avec une extrême abondance jusqu'à l'arrivée des premiers froids un peu sévères. Ce genre de champignonière doit être renouvelé tous les ans.

L'application du procédé qui vient d'être décrit est possible partout, et quoiqu'elle soit cantonnée dans une partie de nos départements de l'Ouest, elle réussirait également dans tous les autres, à l'exception seulement des plus mé-

ridionaux, où les chaleurs sèches sont très-
prolongées. Je fais observer à ce propos que,
comme le rapporte le père Abot, missionnaire
français qui avait longtemps habité la Chine, on
connaît et l'on pratique de toute antiquité dans
ce pays l'art de faire multiplier les bonnes espèces de champignons dans des champignonières
artificielles où l'on enterre dans ce but à fleur
de terre du bois pourri et des écorces à demi-
décomposées de divers arbres, tels que le châ-
taignier, le mûrier, l'orme et le peuplier.

Culture du champignon napolitain. On
a longtemps regardé comme un phénomène bizarre et des plus curieux la manière dont à
Naples et dans tout le Sud de l'Italie se cultive
un excellent champignon, le *Boletus tuberaster*
des botanistes, plus connu sous son nom vulgaire de *champignon napolitain*. On vend à
Naples et dans toutes les villes de province de
l'Italie méridionale, une sorte de concrétion
d'apparence demi-terreuse, demi-pierreuse,
qu'on nomme dans le pays *Pierre à champignons*
(*Pietra fungaïa*). Cette pierre se conserve indéfi-
niment ; on la transporte sans aucune précaution
spéciale, à de grandes distances. On la dépose
habituellement dans une cave saine, et là, on
l'arrose assez souvent pour la maintenir constamment humide. Au bout d'un certain temps

elle se couvre de champignons. Après une production abondante, il suffit de laisser reposer la pierre à champignons en continuant à l'arroser par intervalle ; au bout de trois mois elle recouvre sa fertilité et donne ainsi de trois en trois mois d'abondantes récoltes de champignons pendant un temps indéfini.

Quelque étrange que puisse paraître ce mode de reproduction du champignon napolitain, quand on l'examine superficiellement, il ne diffère pourtant en rien du mode de reproduction de tous les autres champignons comestibles ou vénéneux. Le Mycélium de ce champignon est composé de filaments très-durs qui, au lieu de s'accrocher et de s'enlacer les uns dans les autres, comme ceux du blanc de champignons de l'agaric comestible, percent et traversent dans tous les sens la terre argilo-calcaire dans laquelle ils prennent naissance à l'état sauvage. Dans les places où le champignon napolitain croît naturellement, les paysans enlèvent par blocs le Mycélium de ce champignon, avec les portions de terre et de tuf calcaire qu'il pénètre en tout sens et qu'il est d'ailleurs impossible d'en séparer. Ainsi, quand on met à la cave une pierre à champignons, et qu'en l'arrosant on la rend productive, on ne fait pas autre chose en réalité que quand on met le blanc de champignons de

couche dans les conditions propres à dévelop-
per sa fertilité ; le mode de production de
ces deux genres de Mycélium est exactement le
même.

C'est ce que démontrent jusqu'à l'évidence les
expériences faites par M. le comte de Boret sur
la pierre à champignons des Napolitains. Ayant
analysé cette pierre avec beaucoup de soin, il
reconnut qu'elle contient, outre les filaments
du Mycélium du champignon napolitain, un tuf
argileux mêlé de beaucoup de parties calcaires.
S'étant procuré une certaine quantité de tuf
exactement de même nature, mais ne contenant
pas de Mycélium de champignon napolitain, il
broya ce tuf et après l'avoir exactement mélangé
avec un tiers de bon terreau, il en remplit une
caisse spacieuse au milieu de laquelle il plaça
une pierre à champignons. Pendant quinze
jours la caisse fut arrosée avec de l'eau dans
laquelle avaient été lavés des champignons de
même espèce que ceux de la pierre objet de l'expérience. En moins d'un mois, la surface de la
terre contenue dans la caisse fut entièrement
couverte d'excellents champignons. Le Mycélium
de la pierre à champignons, trouvant à sa portée une terre de nature convenable, s'y était
établi et s'en était entièrement emparé, absolument comme le blanc du champignon comestible

5

s'empare de l'intérieur des meules des champignonistes parisiens. Si M. de Boret avait laissé sécher
le contenu de sa caisse, et qu'il l'eût divisé en
blocs, il est probable que ces blocs auraient été
de vraies pierres à champignons, semblables à
celles qu'on vend dans toutes les villes du Sud de
l'Italie. On peut regarder comme assuré le succès de la culture du champignon napolitain dans
tous nos départements méridionaux, par le procédé qui a si complétement réussi à M. le
comte de Boret.

Il y a quelques années, un naturaliste de
Naples, M. Gasparrini publia un mémoire fort
étendu sur la pierre à champignons qu'il propo-
sait de nommer *Mycelithe fungifera* et qu'il re-
gardait comme une production souterraine d'une
nature particulière, pouvant sous l'empire de
certaines circonstances, donner naissance à des
champignons. Exclusivement préoccupé de cette
idée, M. Gasparrini, qui avait visité dans les mon-
tagnes de l'ancienne Lucanie les cantons où les
bergers s'occupent de la recherche des pierres
à champignons, ne s'est point attaché au point
capital, c'est-à-dire au mode de production du
champignon napolitain par la pierre à champignons. Il a trouvé, dit-il, de ces pierres, des
formes les plus diverses, pesant depuis 500
grammes jusqu'à 50 kilogrammes et même au

delà, et renfermant dans leur intérieur toute sorte de corps étrangers, selon la nature du sol dans lequel elles s'étaient formées. Quoiqu'il ait eu dans le temps où il fut publié un très-grand retentissement, le mémoire de M. Gasparrini n'a jeté aucune lumière sur la nature de la pierre à champignons et n'a pas même effleuré les moyens d'en tirer parti. Les expériences de M. de Boret, faites au point de vue pratique, donnent pour la multiplication artificielle de la pierre à champignons et du champignon napolitain toutes les lumières qui peuvent assurer le succès de cette culture.

En résumé, si l'on rapproche l'un de l'autre tous les procédés de culture de divers champignons, tels qu'ils viennent d'être exposés, on voit qu'ils sont basés sur un seul et même principe qui peut être formulé en ces termes : Étudier le mode naturel de végétation du Mycélium, la nature du sol qui lui convient le mieux, et le placer autant que possible dans des conditions semblables à celles sous l'empire desquelles il se développe à l'état sauvage.

En fait, partout où l'on agit dans ce sens, les résultats sont constamment les mêmes; c'est ainsi que dans la Nièvre on établit des *Mousseronnières* artificielles, en enlevant dans les lieux où il croît naturellement, le mousseron sauvage en motte et en le plaçant dans des conditions propres à la propagation de son Mycélium. C'est ce qu'il faut faire et ce que dans un temps donné on fera pour l'Oronge, la Galmotte et les autres bonnes espèces de champignons, comme on le fait déjà par les moyens qui viennent d'être exposés, pour la multiplication artificielle du champignon de couches, du Palomet, du Cep et du champignon napolitain. Quand ce progrès aura été réalisé, on ne livrera à la consommation que des champignons cultivés, et il ne pourra plus être question d'empoisonnements accidentels par les mauvais champignons.

De nombreuses expériences ont été faites à différentes époques, pour constater la valeur alimentaire des champignons comestibles. L'une des plus concluantes est celle du docteur Letellier qui, à plusieurs reprises, s'est nourri exclusivement pendant trente-six heures, de 300 grammes de champignons mangés seuls, sans pain, sans autre assaisonnement qu'un peu de sel, et arrosés d'un ou deux verres d'eau fraîche. Il s'est toujours trouvé suffisamment nourri par ce régime, n'éprouvant ni faim sensible, ni tiraillements d'estomac, et se livrant sans plus de fatigue que de coutume, à ses occupations ordinaires.

On sait qu'en Russie et en Pologne la partie

pauvre de la population se nourrit pendant plusieurs mois de l'année des champignons sauvages qui abondent dans les forêts de leur pays ;
mais il est faux qu'ils les cueillent tous indis-
tinctement ; ils connaissent et éliminent les mauvais champignons, et néanmoins les cas d'empoisonnement par les champignons ne sont que
trop fréquents parmi les paysans russes et polo-
nais. S'ils ne le sont pas davantage, cela tient à
ce qu'on fait subir aux champignons dans ces
deux pays une fermentation qui atténue plus ou
moins les propriétés délétères des champignons
vénéneux accidentellement mêlés aux champignons sauvages des espèces comestibles.

CHAPITRE IV.

PROCÉDÉS DE CONSERVATION DES DIVERS CHAMPIGNONS COMESTIBLES.

Dessiccation des champignons. Chaque espèce de champignons comestibles a sa saison; elle ne se reproduit à l'état sauvage que pendant une partie de l'année toujours assez courte; il n'y a guère que le champignon de couches qui, grâce à l'industrie des jardiniers, soit toute l'année, à peu près sans interruption, à la disposition des consommateurs, et encore ne l'est-il que près des grandes villes, où la culture du champignon est pratiquée sur une très-grande échelle. Partout ailleurs, si l'on veut pouvoir se servir du champignon comestible, hors du temps de sa végétation naturelle, il faut le soumettre à divers procédés de conservation.

Le plus simple des procédés de conservation, procédé applicable à tous les champignons comestibles, sans exception, c'est la dessiccation; plus elle est complète, mieux la conservation des champignons est assurée d'une année à l'autre. Les champignons qu'on se propose de faire sécher pour les conserver, doivent être récoltés par un temps sec, après que la rosée du

matin est dissipée; il faut les choisir parfaitement sains, plutôt jeunes, à moitié ou aux deux
tiers du volume normal de leur espèce, que
complétement développés. Les champignons
doivent être ensuite épluchés, pelés, lavés,
comme s'ils devaient être immédiatement accommodés pour être servis sur la table. S'ils
sont petits, comme le Mousseron, on peut sans
inconvénient les laisser entiers; s'ils sont très-
volumineux, comme l'Oronge et le Bolet comestible, on doit les couper en deux ou en quatre
morceaux. On leur fait prendre ensuite quelques
minutes d'ébullition dans de l'eau très-pure, à
laquelle on se gardera bien d'ajouter la moindre
parcelle de sel; car, loin d'aider à la conservation des champignons desséchés, le sel, qui
possède la propriété d'attirer fortement l'humidité de l'atmosphère, hâterait leur corruption.
Après qu'ils ont pris quelques bouillons dans
l'eau, les champignons doivent être soigneusement égouttés. Sous le climat de nos départements méridionaux, on forme avec les champignons ainsi préparés, soit entiers, soit en morceaux, de longs chapelets, en les traversant
d'une ficelle mince. Ces chapelets, suspendus à
l'ombre, à l'air libre, dans un local traversé
par un courant d'air, arrivent bientôt au degré
voulu de dessiccation; on peut alors les con-

server dans un lieu sec ; ils s'y maintiennent en bon état d'une année à l'autre. Sous le climat du centre de la France, après avoir traité les champignons comme je viens de l'indiquer, il est nécessaire de compléter leur dessiccation en les mettant à deux ou trois reprises différentes dans un four à demi-refroidi, après que le pain en a été retiré.

Poudre de champignons. Les bons champignons comestibles contribuent si largement à relever de la manière la plus agréable la saveur d'une foule de mets, qu'on doit désirer pouvoir les employer toute l'année comme assaisonnement, c'est à quoi l'on parvient aisément par le procédé suivant.

Râpez séparément, après les avoir amenés à l'état le plus complet possible de dessiccation, des champignons de couche, des Morilles et, dans les pays où elles abondent, des Oronges ; réunissez ces trois poudres par parties égales en poids. D'autre part, coupez en tranches de belles truffes, dans la proportion d'un dixième seulement des autres poudres. Ces tranches étant bien séchées, soit au soleil, soit au four, râpez-les, et ajoutez-en la poudre au mélange précédent ; renfermez-le dans un bocal bien bouché, que vous conserverez à l'abri de l'humidité. Une ou deux cuillerées de cette poudre,

délayées dans la sauce de toute espèce de viande
de boucherie, de volaille ou de gibier, leur
donne aussi bon goût que si l'on y avait fait
cuire une garniture des mêmes champignons
fraîchement récoltés.

Morilles conservées. On emploie habituellement, pour conserver les Morilles, la dessiccation par le procédé indiqué pour tous les champignons comestibles. Avant de faire cuire les
Morilles conservées à l'état sec, il faut les faire
tremper dans de l'eau tiède pendant quelques
heures, sans quoi leur substance reste coriace
et perd la plus grande partie de sa valeur gastronomique. Les Morilles se conservent encore
mieux, et sans rien perdre de leur saveur naturelle, dans l'huile d'olives fine ou dans le
beurre. On doit préalablement les faire blanchir
à l'eau bouillante et les laisser bien égoutter.
On les range alors dans un bocal, qu'on remplit
jusqu'au bord, soit d'huile d'olives, soit de
beurre fondu ; le bocal est ensuite bouché exactement, recouvert d'un parchemin, et conservé
dans un endroit frais. Lorsqu'on veut conserver
les Morilles dans le beurre, on doit avoir soin
de ne chauffer le beurre que juste autant qu'il le
faut pour le faire fondre, et de le verser tiède
sur les Morilles.

CHAPITRE V.

METS DONT LES CHAMPIGNONS COMESTIBLES SONT LA BASE.

Champignons de couches. Les mets dont les champignons sont la base et ceux auxquels les champignons peuvent servir d'assaisonnement, sont en grand nombre dans la cuisine de tous les pays civilisés. Je donne comme complément du chapitre précédent sur la culture des champignons, les meilleures manières d'en tirer parti pour l'usage alimentaire.

Je renouvelle ici, tant on la croit importante, la recommandation de n'employer pour la cuisine que des champignons récemment récoltés, cueillis à la moitié, ou tout au plus aux deux tiers de leur développement complet. C'est en ce moment qu'ils sont le plus agréables au goût et le plus faciles à digérer, de quelque manière qu'ils soient accommodés.

Soyac ou **Ketchop.** Lorsqu'on dispose d'une assez grande quantité de champignons, on peut en préparer une sauce très-délicate et facile à conserver, connue des cuisiniers sous le nom de *Soyac* ou *Ketchop,* dont on se sert ensuite toute l'année pour accompagner divers mets de viande ou de poisson. On épluche avec soin et l'on émince en tranches très-menues un kilogramme de champignons frais, qu'on dépose lit par lit, dans une grande terrine, en saupoudrant chaque lit de sel fin ; on ajoute sur le dernier lit trois ou quatre cuillerées de brou de noix frais coupé en morceaux. On couvre ensuite la terrine, et on laisse les champignons dans un local frais pendant 4 ou 5 jours. Au bout de ce temps, on trouve les champignons presqu'entièrement fondus. On passe le jus en pressant fortement le marc dans un torchon neuf. On fait réduire le jus de champignons à peu près à moitié de son volume ; on y ajoute deux feuilles de laurier, et environ 500 grammes de gelée de veau, ou la même quantité de jus de rôti bien dégraissé. Assaisonnez modérément de poivre, et faites réduire la sauce en consistance de gelée ; retirez les feuilles de laurier, et versez le Ketchop dans un vase de faïence ou de porcelaine, qui doit être conservé dans un local très-frais. Lorsque cette sauce doit être employée pour assaisonner du poisson, on y ajoute au moment de s'en servir, un ou deux anchois pilés.

Croûte aux champignons. Après avoir bien épluché 250 grammes de champignons, faites-les cuire dans du beurre, sur un feu vif, avec un bouquet garni, une pincée de farine,

et un bon assaisonnement de sel et de poivre.
D'autre part, râpez, ou selon l'expression reçue,
chapelez la croûte de dessus d'un pain blanc
d'un demi-kilogramme; enlevez toute la mie;
graissez légèrement cette croûte des deux côtés
avec du beurre très-frais; faites-lui prendre
couleur sur le gril. Au moment de servir, dressez la croûte sur un plat; versez sur les champignons une liaison de deux ou trois jaunes
d'œufs délayés dans quelques cuillerées de crême;
servez dans la croûte les champignons ainsi
accommodés.

Morilles. Les vrais amateurs de Morilles se
gardent bien de les laver, ce qui leur fait perdre
une partie de la délicatesse de leur saveur naturelle. Quand les Morilles ont été cueillies avec
l'attention de trancher net leur support un peu
au-dessus du sol, par un temps couvert, après
plusieurs belles journées, elles sont par elles-
mêmes assez propres pour n'avoir pas essentiellement besoin d'être lavées; on doit, avec beaucoup de patience, passer dans toutes les loges
du chapeau un morceau de linge très-fin ou de
mousseline, ce qui suffit pour les nettoyer.
Elles sont ensuite fendues en deux dans le sens
de leur longueur, cuites dans de l'eau modérément salée, puis accommodées avec une liaison
de jaunes d'œufs et servies sur une croûte pré-

parée de la manière indiquée dans la recette de
la croûte aux champignons.

Morilles à l'italienne. Faites cuire sur
un feu vif, dans de l'huile d'olives fine les Morilles bien nettoyées et coupées, selon leur grosseur, en deux ou en trois morceaux; mouillez
avec de bon bouillon dégraissé ; ajoutez un bon
assaisonnement de sel et de poivre, une légère
pointe d'ail, une pincée de persil finement ha-
ché, et un verre de vin blanc. Au moment de
servir, dressez les Morilles sur un plat avec un
entourage de croûtons frits, et arrosez-les d'un
jus de citron.

Morilles à l'espagnole. L'assaisonnement
est le même que pour la recette précédente, avec
la seule différence que les Morilles cuites dans
l'huile d'olives sont mouillées avec de l'eau au
lieu de bouillon, et qu'on remplace le vin blanc
par du vin de Xérès ou de Malaga.

Morilles farcies. On fait cuire les Morilles
coupées en deux, entre deux tranches de lard ;
quand elles sont à moitié cuites, on remplit
chaque moitié d'une farce composée de blancs
de volaille hachés avec un peu de jambon et des
fines herbes. Les deux moitiés de chaque Morille
sont ensuite réunies par un fil fin, et l'on achève
leur cuisson en les mouillant avec un verre de vin
blanc et une demi-tasse de bouillon dégraissé.

Bolet comestible. Ce Bolet, plus connu sous son nom vulgaire de *Cèpe*, *Cep* ou *Gyrole*, atteint souvent de grandes dimensions. De quelque manière qu'on l'accommode, il faut préalablement enlever la partie poreuse, c'est-à-dire les tubes qui occupent sous le chapeau la place que tiennent les lames dans le champignon de couches.

Cèpes à la Bordelaise. Après avoir enlevé tout le dessous du chapeau des Cèpes, on les fait cuire à moitié sur le gril. D'autre part, on prépare avec les supports, des fines herbes et une légère pointe d'ail, un hachis qu'on assaisonne de sel et poivre, et qu'on fait cuire sur un feu doux avec de l'huile d'olives. On pose les chapeaux de Ceps grillés sur ce hachis pour compléter leur cuisson, et on arrose le tout de jus de citron au moment de servir.

Oronges. La manière de les accommoder la plus usitée dans le Midi, où l'on en fait une grande consommation, consiste à les faire cuire à la Bordelaise, selon la recette précédente, comme les Cèpes.

On s'abtient de donner les mille recettes en usage pour la préparation des champignons comestibles de toute espèce ; ces recettes varient à l'infini d'un canton à l'autre ; chaque localité a pour ainsi dire la sienne, et l'on en pourrait remplir un volume. Il paraît suffisant de faire connaître les procédés de préparation applicables aux champignons des espèces les plus estimées et le plus généralement admises dans la cuisine.

CHAPITRE. VI.

CHAMPIGNONS COMESTIBLES LES MOINS USITÉS EN FRANCE.

Classification. Le nombre des champignons qui peuvent être sans danger utilisés soit pour la nourriture de l'homme, soit pour celle des animaux domestiques, et qui croissent à l'état sauvage sur divers points de la France, est beaucoup plus considérable que celui des champignons comestibles généralement admis dans la cuisine. J'ai cru devoir signaler à part les plus utiles, ceux qui par leurs propriétés alimentaires et par la netteté de leurs caractères distinctifs sont en même temps les plus importants à connaître, et ceux qu'il est le plus facile de ne pas confondre avec les champignons vénéneux.

Les champignons de la seconde série ne sont doués qu'à un moindre degré des mêmes avantages ; on ne doit les admettre dans l'alimentation qu'avec une sage réserve ; c'est pourquoi ils doivent être considérés séparément. En s'en tenant aux espèces qui peuvent être livrées à la consommation avec le plus de sécurité et le moins d'inconvénient, on peut comprendre dans cette liste secondaire de champignons comestibles, les espèces suivantes :

Agaric boule de neige (*Agaricus edulis albus*).

Agaric châtain (*Agaricus castaneus*).

Agaric piléolaire (*Agaricus pileolarius*).

Agaric ficoïde (*Agaricus ficoides*).

Agaric entonnoir (*Agaricus infundibuliformis*).

Agaric solitaire (*Agaricus solitarius*).

Agaric couleuvrée (*Agaricus procerus*).

Agaric excorié (*Agaricus excoriatus*).

Agaric alutacé (*Agaricus alutaceus*).

Agaric fœniculé (*Agaricus fœniculatus*).

Agaric du chardon (*Agaricus eryngii*).

Agaric du houx (*Agaricus aquifolii*).

Amanite engaînée (*Amanita vaginata*).

Amanite à tête-lisse (*Amanita leiocephala*).

Bolet rude (*Boletus scaber*).

Bolet tubéreux (*Boletus tuberosus*).

Bolet en bouquets (*Boletus frondosus*).

Bolet hépatique (*Boletus hepaticus*).

Clavaire coralloïde (*Clavaria coralloides*).

Clavaire cendrée (*Clavaria cinerea*).

Clavaire améthyste (*Clavaria amethystina*).

Hydne sinué (*Hydnum sinuatum*).

Hydne hérisson (*Hydnum crinaceum*).

Helvelle mitre (*Helvella Mitra*).

Agaric boule de neige. Les botanistes admettent ce champignon en qualité de variété

distincte du champignon des prés; mais il n'en
diffère par aucun caractère botanique autre que
l'absence de coloration des lames qui sont,
comme tout le reste, d'un blanc pur. Parmi les
champignons des prés, dont le champignon de
couche n'est qu'une variété cultivée, on trouve
assez souvent, lorsqu'on en fait la récolte au
mois de septembre, le champignon boule de
neige, doué de la même odeur et des mêmes
propriétés alimentaires; malheureusement il
diffère peu de l'Amanite vénéneuse, souvent assez
commune dans les mêmes cantons; il en diffère
surtout par son odeur agréable et par l'absence
de volva; on doit apporter la plus scrupuleuse
attention dans l'examen de ce champignon;
quoique le champignon comestible à lames
blanches, ou boule de neige, soit réellement
aussi bon que la variété du même champignon
à lames roses, les personnes prudentes le re-
jettent d'une manière absolue, dans la crainte
de le confondre avec l'Amanite vénéneuse, dont
le poison est presque toujours mortel.

Agaric châtain. La saveur agréable de ce
petit champignon le fait rechercher en automne,
dans les bois au sol humide garni de mousse.
La partie la plus comestible de l'Agaric châtain
est le pédicelle, blanc teinté de marron clair; le
chapeau, d'une nuance un peu plus foncée est si

mince qu'il ne renferme presque pas de substance mangeable. Les lames dont il est garni en dessous sont en petit nombre, étroites, et trop courtes pour rejoindre le pédicelle; ce dernier caractère, reconnaissable au premier coup d'œil, suffit avec un peu d'attention pour distinguer avec certitude l'Agaric châtain.

Agaric piléolaire. Ce champignon, très-voisin du mousseron, appartient comme lui au sous-genre des *Gymnopes,* subdivision du genre Agaric. La couleur d'un blanc grisâtre de son pédicelle, et la nuance du chapeau, d'un gris tirant sur le roux, le rendent peu apparent et il serait difficile de le trouver parmi la mousse et les feuilles mortes, sans son odeur assez forte, qui révèle sa présence; cette odeur est celle du Mousseron, mais plus prononcée et plus agréable. Les lames, de grandeur inégale, sont d'une nuance jaunâtre indécise tournant au gris; la chair du chapeau, comme celle du pédicule, est ferme, blanche et de bon goût.

On doit surtout considérer dans ce champignon, le renflement du bas du pédicelle; si ce renflement est très-développé, il y a lieu de craindre que l'on ne confonde l'Agaric piléolaire avec plusieurs autres, d'espèces plus ou moins suspectes. C'est le motif pour lequel ce champignon, quoique inoffensif, est rarement utilisé.

Agaric ficoïde. La saveur, l'odeur et les propriétés alimentaires du champignon ficoïde sont celles du champignon de couches. Il est assez rare, et l'on s'en méfie généralement dans les cantons où il se rencontre sur les prés élevés et les pâturages secs, à cause de son volume fort développé, et de l'aspect assez étrange qu'il doit à la couleur fauve rougeâtre du pédicelle et du chapeau, et à la disposition des lames assez écartées les unes des autres, de couleur jaunâtre, débordant le chapeau ; ce dernier caractère, facile à distinguer, est assez saillant pour faire aisément reconnaître l'Agaric ficoïde, champignon parfaitement inoffensif, bien que son aspect prévienne peu en sa faveur.

Agaric entonnoir. Ce champignon est très voisin du champignon napolitain, dont il a la saveur et les propriétés alimentaires. Les bords du chapeau, dont la nuance est rougeâtre, sont irrégulièrement sinués ; le pédicelle, d'un blanc grisâtre, tournant quelquefois au jaune, est tantôt plein, tantôt creux à l'intérieur. On le trouve en automne, dans les bois ; il est souvent à demi-caché dans les feuilles mortes ; son odeur est celle du champignon de couches, mais plus pénétrante. Le champignon entonnoir n'est très-commun nulle part ; il n'est pas vénéneux ; mais il ne faut pas le cueillir à un état trop avancé ; bien longtemps avant d'entrer en décomposition, tout en conservant son bon goût et sa bonne odeur, il devient excessivement indigeste ; c'est pourquoi on le mange rarement.

Agaric solitaire. L'Agaric solitaire, rangé par quelques botanistes parmi les Amanites (*Amanita procera*), est un des plus grands champignons qui existent, puisque sa hauteur atteint quelquefois 30 centimètres, et qu'elle est rarement au-dessous de 25 centimètres, quand l'Agaric solitaire est complétement développé. Les dimensions seules de ce champignon le rendent suffisamment reconnaissable. Il n'est pas renflé à la base du pédicelle, comme le sont plusieurs champignons plus ou moins dangereux ; mais la volva très-épaisse qui l'enveloppe en entier au moment où il sort de terre, se déchire et reste en partie adhérente au bas du pédicelle, sous forme d'écailles irrégulières qui le font paraître renflé. Les lames sont blanches ; l'anneau que porte le pédicelle est rabattu ; le chapeau, couvert de verrues, qui sont des débris de la volva, comme les écailles du pédicelle, est d'un blanc sale et d'une forme convexe régulière.

C'est à tort que, dans plusieurs cantons où l'Agaric solitaire est assez commun, ce champignon est rejeté comme dangereux ; il est co-

mestible et ne peut causer d'empoisonnement ;
mais les estomacs délicats le supportent difficilement, et il donne lieu à de cruelles indigestions, prises pour des commencements d'empoisonnement. Ceux qui possèdent un bon estomac
peuvent manger impunément l'Agaric solitaire,
sans autre apprêt que de le faire cuire sur le gril
et de le graisser de beurre frais avec un peu de
sel.

Agaric couleuvrée. Ce champignon, connu
sous les noms vulgaires de *Cormelle* et de *Pa-
rasol*, est presque aussi grand que l'Agaric solitaire ; il est assez rare et généralement recherché dans les cantons où il se montre quelquefois, en automne, sur la limite des grands bois,
croissant sur un sol léger siliceux.

La forme du champignon couleuvrée varie
beaucoup aux diverses phases de sa croissance ;
le chapeau est d'abord ramassé sur lui-même,
offrant l'aspect d'un gros œuf ; plus tard il se
déploie et s'étale ; plus il est développé, moins
il est facile à digérer. Quand le chapeau est tout
à fait étalé, sa peau, d'un brun clair, se soulève, ce qui le fait paraître écailleux. On ne doit
récolter le champignon couleuvrée que lorsqu'il
est encore très-frais ; s'il est trop avancé, on ne
peut en être averti que par son odeur, qui devient forte et peu agréable, quand il est près

d'entrer en décomposition, quoique les lames
du dessous du chapeau restent blanches, et ne
changent pas de couleur, comme celles de la
plupart des Agarics comestibles, qui tournent
au brun et au noir avant de se décomposer.

Agaric excorié. C'est une simple variété de
l'Agaric couleuvrée ; elle n'en diffère par aucun
caractère très-saillant, si ce n'est par le plus
grand nombre des écailles du chapeau, dont la
peau se soulève de toutes parts. L'Agaric excorié est comestible comme l'Agaric couleuvrée et
dans les mêmes conditions.

Agaric alutacé. On rencontre vers la fin
d'août, dans les clairières des grands bois, le
champignon alutacé, dont les sous-variétés,
peu différentes entre elles, ont pour caractère
commun un chapeau rouge et des lames d'un
beau jaune. C'est à ce dernier caractère qu'il
faut principalement s'attacher quand on veut
faire usage du champignon alutacé. Ce champignon est comestible, sans être d'une saveur
très-délicate, et il est d'ailleurs parfaitement
exempt de principe vénéneux ; mais il a la même
forme que le *champignon sanguin ;* l'un des
plus dangereux du genre Agaric et de tous ceux
qui croissent en France. Le champignon alutacé se trouve dans les mêmes lieux que le
champignon sanguin ; son chapeau est du même

rouge ; il n'y a de différence entre eux que dans la couleur des lames, blanches chez le champignon sanguin, jaunes chez le champignon alutacé : de là des accidents malheureusement trop fréquents, qui font exclure l'Agaric alutacé de l'alimentation, bien qu'il soit mangeable et sans danger par lui-même.

Agaric fœniculé. Je ne mentionne ce petit champignon parmi les espèces comestibles qu'en raison de son odeur et de sa saveur agréables, qui tiennent le milieu entre celles de l'Anis et celle du Fenouil, et qui le font rechercher, non pas précisément comme aliment, mais en qualité de simple assaisonnement ; il est assez rare, et sans son odeur très-prononcée on le trouverait difficilement sous les feuilles mortes, dont il a à peu près la couleur.

Agaric du chardon. Ce champignon est du nombre de ceux qu'on peut manger, bien qu'ils ne soient pas bons, mais qui sont tout à fait inoffensifs. L'Agaric du chardon croît exclusivement à la base des touffes mortes de *Chardon Rolland*, spécialement dans les terrains sablonneux et secs. Il est connu dans divers cantons sous les noms de *Ragoule*, *Gingoule*, *Baligoule* et *Oreille de chardon*. Le pédicelle occupe rarement le centre du chapeau ; il est le plus souvent placé de côté ; le chapeau, presque toujours irrégulier, est d'un gris sale ; les lames, blanches, se prolongent le long du pédicelle. De quelque manière qu'on l'accommode, l'Agaric du chardon est un aliment, non pas malsain, mais grossier, peu agréable et très-indigeste.

Agaric du houx. Le chapeau de ce champignon, de moyenne grandeur, en est presque la seule partie comestible ; il est d'un jaune teinté de brun ; sa surface, d'abord lisse, se gerce quand il est tout à fait étalé. On rencontre au commencement de l'automne le champignon du houx au pied des haies défensives de cet arbuste ; quoique délicate et très-relevée, sa saveur ne plaît pas à tout le monde ; il est seulement un peu moins indigeste que l'Agaric du chardon, mais il est beaucoup meilleur.

Amanite engaînée. Cette Amanite est classée par plusieurs botanistes dans le genre Agaric sous le nom d'*Agaric engaîné*. Dans les cantons où elle est assez commune, elle est connue sous le nom vulgaire de *Coucoumelle jaune* et de *Coucoumelle grise*. On ne trouve guère l'Amanite engaînée que dans quelques cantons de nos départements les plus méridionaux ; ce qui la rend assez difficile à distinguer, c'est le peu de fixité de sa taille et de sa couleur ; tantôt c'est un très-grand champignon, tantôt elle reste de dimensions moyennes ; le chapeau est quelquefois gris ou d'un jaune rougeâtre, quelquefois complétement blanc. Le caractère le plus persistant de ce champignon est tiré de sa volva, qui, quand il est tout à fait développé, entoure sa base d'une sorte de gaîne, origine de son nom. L'Amanite engaînée, sans être très-bonne, est mangeable.

Amanite à tête lisse. Cette Amanite, blanche dans toutes ses parties, est remarquable par ses grandes dimensions ; le chapeau, porté sur un pédicelle gros et court, n'a pas moins de 18 à 20 centimètres de diamètre, lorsqu'il est tout à fait étalé. L'Amanite à tête lisse exhale une odeur agréable ; c'est presque le seul signe qui puisse la faire reconnaître, tant elle ressemble à l'Amanite vénéneuse, seulement un peu moins développée, et portée sur un pédicelle plus allongé, par rapport aux dimensions du chapeau. Du reste, la ressemblance entre ces deux champignons est telle que la prudence la plus vulgaire commande de s'en abstenir, à moins qu'on ne le connaisse parfaitement.

Bolet rude. Ce Bolet est connu dans le Midi sous le nom de *Roussille*. La forme remarquable de son chapeau, qui figure régulièrement une demi-sphère, le fait facilement reconnaître ; lorsqu'on le coupe, sa chair contracte au contact de l'air une nuance rougeâtre, que bien des gens prennent à tort pour un signe de mauvais augure. Le Bolet rude n'est pas vénéneux; mais sa chair molle et légèrement acide n'a pas une grande valeur gastronomique; elle est d'ailleurs assez indigeste.

Bolet tubéreux. On trouve ce Bolet, en automne, en grande abondance dans les grands bois de plusieurs de nos départements méridionaux. Quoique la plupart des auteurs le rangent parmi les champignons comestibles, le Bolet tubéreux est un aliment si médiocre qu'il ne paraît pas destiné à la nourriture de l'homme. On pourrait l'utiliser pour celle des bêtes bovines, qui le mangent avec plaisir; mais il croît dans les mêmes lieux que le Bolet pernicieux auquel il ressemble beaucoup, et si l'on envoie des femmes et des enfants dans les bois, à la recherche du Bolet tubéreux, il arrivera inévitablement que quelques Bolets pernicieux se trouveront mêlés à ceux qu'ils rapporteront; c'en est assez pour mettre la vie des bestiaux en danger. Le Bolet pernicieux diffère surtout du Bolet tubéreux par la teinte rougeâtre de son chapeau et de ses tubes; cette différence n'est point assez saillante pour que les gens inattentifs ou inexpérimentés ne puissent aisément s'y tromper, et donner lieu à l'empoisonnement du gros bétail. Dans les cantons où l'on croit pou-

voir profiter d'une si dangereuse ressource fourragère, les Bolets tubéreux ne doivent, dans
tous les cas, être donnés aux bestiaux qu'après
avoir été examinés *un à un* par quelqu'un qui
les connaît parfaitement.

Bolet en bouquets. On connaît ce Bolet
sous les noms vulgaires de *Champignon-coquille*,
de *Couveuse* et de *Poule des bois*. Il croît par
groupes très-rameux, dans lesquels les chapeaux, de forme demi-circulaire, sont comme
imbriqués régulièrement les uns près des autres.
Un seul de ces groupes peut atteindre un poids
de 1k,500 à 2 kilogrammes et même au delà.
L'odeur et la saveur de ce Bolet sont agréables ;
mais, de quelque manière qu'on l'apprête, sa
chair, très-compacte, difficile à mâcher et encore plus difficile à digérer, ne constitue pas un
bon aliment. Néanmoins le Bolet en bouquets
est comestible, et comme il ne ressemble à aucune espèce vénéneuse, on peut le manger avec
sécurité, pourvu toutefois qu'on soit doué d'un
bon estomac.

Bolet hépatique. Ce Bolet est connu sous
les noms vulgaires de *Foie de bœuf*, à cause de
la couleur d'un brun rougeâtre de son chapeau,
et de *Langue de bœuf*, en raison des aspérités
dont il est d'abord couvert, et qui disparaissent
à mesure que le chapeau se développe. Le pédi-

celle n'occupe jamais le centre du dessous du chapeau ; il est toujours placé sur le côté.

Comme beaucoup d'autres champignons du genre Agaric, et aussi du genre Bolet, le Bolet hépatique, d'assez bon goût, n'est réellement comestible que quand il est récolté très-jeune ; s'il a pris toute sa croissance, il est devenu tellement indigeste qu'il est prudent de s'en abstenir.

Clavaire coralloïde. Cette singulière production n'offre avec les autres champignons que des rapports éloignés ; le chapeau est remplacé par des membranes fructifères très-ramifiées, de consistance gélatineuse, pouvant être utilisés pour la nourriture du bétail, et même pour celle de l'homme, quoique ce soit un aliment peu recherché. Mais, comme la Clavaire coralloïde appartient à un genre dans lequel il n'y a pas de mauvais champignons, et que d'ailleurs, elle n'est pas difficile à digérer, on peut en faire usage sans aucun danger. La Clavaire coralloïde est connue sous les noms vulgaires de *Tripette,* de *Cheveline* et de *Menotte.*

La Clavaire cendrée et la Clavaire améthyste ne se distiguent que par leur couleur de la Clavaire coralloïde, dont elles ont le goût et les propriétés alimentaires.

Hydne sinué. L'Hydne sinué porte, comme

tous les champignons du genre dont il fait partie, des tubes effilés que les botanistes nomment *Pointes*, et qui remplaçait les lames sous le chapeau dont la forme est rarement régulière ; ce caractère ne permet pas de confondre les Hydnes avec les autres genres de champignons. L'Hydne sinué est inoffensif ; son goût est peu agréable ; c'est un mélange d'âpreté et de saveur poivrée qui se perd en partie par une longue ébullition dans l'eau, et un assaisonnement convenable. L'Hydne sinué n'est mangeable que quand il est accommodé avec beaucoup de soin. On le connaît sous les noms vulgaires de *Rignoche* et de *Barbe de vache.*

Hydne hérisson. Ce champignon très-commun dans les Vosges où il est connu sous le nom vulgaire de *Houppe des arbres*, est dépourvu de chapeau ; le pédicelle long et courbé se termine par une tête inclinée, de laquelle partent des pointes très-nombreuses. En y mettant de la bonne volonté, on trouve que le goût de l'Hydne hérisson rappelle celui du champignon de couches ; c'est un aliment indigeste et peu recherché.

Helvelle mitre. Ce champignon, comme tous ceux du genre Helvelle, se distingue aisément par sa consistance cérumineuse, et la forme bizarre de son chapeau formé de deux ou trois lobes affectant la forme d'un croissant. L'Hel-

velle mitre, fort commune dans nos grandes forêts, est un champignon inoffensif, qu'on mange
dans certains cantons, bien qu'il soit à peine
mangeable.

DEUXIÈME PARTIE.

CHAMPIGNONS VÉNÉNEUX.

CHAPITRE VII.

CHAMPIGNONS VÉNÉNEUX LES PLUS COMMUNS EN FRANCE.

Classification. Les champignons vénéneux ne sont pas rares en France ; on croit inutile d'insister sur ceux dont l'aspect livide et l'odeur révoltante sont des garanties suffisantes contre toute tentation d'y goûter ; il est au contraire nécessaire de faire connaître avec le plus de précision possible les caractères distinctifs des mauvais champignons qui se rapprochent le plus des espèces comestibles, et qui peuvent être confondus avec les bons. Il est d'autant plus indispensable à ceux qui veulent faire usage des bons champignons sauvages de bien connaître les mauvais, que leur principe vénéneux échappe à l'analyse chimique et ne peut pas être isolé comme l'ont été la Nicotine du tabac, et la Mor-

phine de l'opium. Parmentier, ayant soumis
successivement à l'analyse chimique le champignon de couches, comparativement avec les
champignons les plus vénéneux, n'a pu trouver
dans les uns et les autres que les mêmes principes, bien que le champignon de couches soit
un excellent aliment, et que les autres analysés
en même temps fussent des poisons mortels.
Depuis Parmentier, nombre de chimistes ont
essayé d'isoler le principe délétère des champignons vénéneux, et toujours leurs tentatives ont
abouti à un résultat négatif; on est donc en
droit d'en conclure que l'analyse chimique ne
fournit aucune lumière pour distinguer des espèces alimentaires les champignons vénéneux,
et que l'étude approfondie de leurs caractères
extérieurs est le seul moyen de ne pas prendre
les mauvais pour les bons. D'après les expériences de Letellier, le poison des champignons vénéneux ne produit pas seulement son
effet quand il a été introduit dans les voies di-
gestives; quelques gouttes de suc d'Agaric meurtrier et de fausse Oronge, ayant été injectés par
lui dans le dos d'une grenouille, l'animal ne
parut pas en souffrir pendant les dix premières
minutes; mais, passé ce temps, la grenouille
tomba dans un engourdissement analogue à celui que produisent les poisons narcotiques;

puis, elle fut prise de convulsions, et mourut en une demi-heure. Je rapporte ce fait pour engager ceux qui se livrent à des expériences ou à des recherches chimiques sur les champignons vénéneux, à user des plus grandes précautions pour ne pas se couper ou s'égratigner avec la lame d'un couteau ayant servi à couper de mauvais champignons ; ils pourraient avoir le sort de la grenouille du docteur Letellier.

Les champignons vénéneux qui croissent en France, rangés selon le degré de leurs propriétés délétères, se présentent dans l'ordre suivant :

Fausse Oronge (*Amanita muscaria*).

Oronge-Ciguë (*Amanita venenosa*).

Amanite à verrues (*Amanita verrucosa*).

Champignon meurtrier (*Agaricus necator*).

Champignon émétique (*Agaricus pectinatus*).

Champignon sanguin (*Agaricus sanguineus*).

Champignon Tête-de-Méduse (*Agaricus annularius*).

Champignon styptique (*Agaricus stypticus*).

Bolet pernicieux (*Boletus luridus*).

Bolet indigotier (*Boletus cyanescens*).

Fausse Oronge. L'extrême ressemblance de l'Amanite fausse Oronge avec l'Oronge vraie la rend si dangereuse et donne lieu si souvent à des cas d'empoisonnement, qu'on ne saurait la

décrire avec trop de soin. Son caractère le plus
saillant et le plus sûr comme indication, parce
qu'il ne manque jamais, c'est la couleur des
lames et du support ou pédicelle, qui soutient
le chapeau. Dans l'Oronge vraie, les lames et le
support sont jaunes; ces mêmes parties sont
blanches dans la fausse Oronge; ainsi, tout
champignon récolté dans le voisinage de l'O-
ronge vraie, mais dont le support et les lames
ne sont pas d'un jaune assez prononcé, est une
fausse Oronge et doit être rejeté, quand même
il paraîtrait bon sous tous les autres rapports.
On peut tirer aussi une utile indication de la *Volva*,
sorte d'enveloppe blanche dans laquelle l'Oronge
vraie, au moment où elle sort de terre, est
complétement enfermée, tandis que la fausse
Oronge n'y est jamais enfermée que d'une manière *incomplète*. De plus, la surface du chapeau
de la fausse Oronge, de la même couleur que
l'Oronge vraie, est visqueuse, tandis que celle
du chapeau de l'Oronge vraie est sèche. Il en résulte que, quand la volva complète de l'O-
ronge vraie se fend pour donner issue au chapeau, celui-ci en sort uniformément rouge,
parce qu'il ne retient aucune partie de sa volva.
Au contraire, quand la volva incomplète de la
fausse Oronge se détache du chapeau, celui-ci
étant visqueux, retient des parcelles de la volva,

de sorte qu'il se montre tout parsemé de petites taches blanches qui ne peuvent exister chez l'Oronge vraie. Ainsi, toute Oronge mouchetée de blanc est fausse et vénéneuse, et doit être rejetée; mais la fausse Oronge n'offre *pas toujours* ce caractère, et il y a des fausses Oronges dont le chapeau est d'un rouge aussi uniforme que celui de l'Oronge vraie; seulement la fausse Oronge est toujours visqueuse, et l'Oronge vraie toujours lisse et sèche. Les stries blanches, indiquées comme signe de la bonne qualité des Oronges, ne sont pas non plus un signe constant; elles existent le plus souvent sur les bords du chapeau; mais d'une part, elles manquent assez souvent chez les meilleures Oronges, de l'autre elles existent quelquefois, quoique plus rarement, chez l'Oronge fausse; c'est donc une indication qui n'a de valeur réelle qu'autant qu'elle coïncide avec la couleur jaune bien prononcée des lames et du support. En apportant dans l'examen de ces divers signes une attention suffisante, il n'est pas bien difficile d'éviter des erreurs éminemment dangereuses et de distinguer avec une entière certitude l'Oronge vraie de la fausse Oronge.

Un fait très-remarquable parmi les propriétés de la fausse Oronge, c'est celui de produire une ivresse furieuse, accompagnée de rêves bizarres, analogues à ceux que le *haschisch* et l'opium procurent aux Orientaux. On sait que le besoin d'oublier le monde réel fait braver à ces peuples les dangers de l'abus des narcotiques, absolument comme le même besoin fait oublier aux peuples européens les dangers, moins graves il est vrai, de l'abus du tabac. Au Kamtschatka, où probablement la vie réelle est moins agréable qu'ailleurs, on prépare avec l'Amanite fausse Orange et quelques autres champignons vénéneux du même genre, une boisson fermentée, dont les *grands* du pays (où n'y a-t-il pas des *grands?*) ont seuls le privilége de faire usage. La fermentation modifie assez le principe vénéneux de la fausse Orange pour qu'il ne puisse plus donner la mort; la liqueur d'Amanite fausse Orange n'en est pas moins un poison dont les ravages chez les grands du Kamtschatka, ne sont pas moins rapides que ceux de l'opium chez les mandarins du Céleste-Empire.

Oronge-Ciguë. Les botanistes ont donné à cette Orange le nom d'*Amanite vénéneuse*, comme si c'était le champignon vénéneux par excellence ; l'Oronge-Ciguë n'est pas plus vénéneuse que la fausse Orange ; elle l'est seulement autant, et c'est bien assez. Il en existe trois variétés, qui se distinguent seulement par la couleur du chapeau, comme l'indiquent leurs noms

d'*Amanite blanche*, *Amanite citrine* et *Amanite
verte*. Chez toutes les trois, le pédicelle est
blanc, creux dans son intérieur quand l'Oronge-
Ciguë est complétement développée ; la longueur
du support ou pédicelle est alors de 1 décimètre
et le diamètre du chapeau de 7 à 8 centimètres.
L'un des signes les plus prononcés de ce redoutable champignon, c'est le renflement très-volu-
mineux de la base du support qui le fait ressembler à un oignon ; ce caractère manque aux
bons champignons qui peuvent être confondus
avec l'Oronge-Ciguë. Les lames sont blanches et
de grandeur très-inégale ; c'est encore un caractère facile à reconnaître et qui ne manque jamais. La variété blanche est la plus dangereuse,
à cause de sa grande ressemblance extérieure
avec le champignon comestible, soit sauvage,
soit cultivé ; les variétés citrine et verte sont
assez reconnaissables à leur couleur accompagnée d'une odeur très - prononcée de viande
pourrie qui se manifeste dès que l'Oronge-Ciguë
commence à se corrompre.

L'Oronge-Ciguë blanche est assez souvent hé-
rissée de verrue ; le bon champignon, soit de
couches, soit de prairies, n'offre *jamais* ce caractère. La peau du chapeau de l'Oronge-Ciguë
blanche ne peut s'en détacher ; tout bon champignon comestible se pèle facilement. La persis-

tance de l'anneau sur le support, la blancheur
des lames, le renflement bulbeux de la base du
pédicelle sont autant de caractères saillants de
l'Oronge-Ciguë blanche, qui manquent chez les
bons champignons. Cependant, quand on ne les
examine que superficiellement, cette Oronge et
le bon champignon de couches ou de prairies se
ressemblent tellement, que l'Oronge-Ciguë
blanche est de tous les champignons vénéneux
qui croissent en France celui qui, sans en ex-
cepter la fausse Oronge, donne lieu chaque année au plus grand nombre d'empoisonnements.

Amanite à verrues. Ce champignon tient
le milieu entre la fausse Oronge dont il a les
propriétés vénéneuses, et la Galmote comestible ; lorsqu'il donne lieu à des cas d'empoisonnement, c'est qu'il a été pris pour une Galmote ;
aussi l'Amanite à verrues est-elle souvent dési-
gnée sous le nom vulgaire de *fausse Galmote.*
En effet, sa forme, ses dimensions, la couleur
de ses lames et la nuance de son chapeau lui
donnent une grande ressemblance avec la vraie
Galmote ou Amanite rougeâtre. Elle n'en diffère
véritablement que par les aspérités nombreuses
ou petites verrues, presque toutes terminées en
pointes, qui hérissent la surface de son chapeau. Ce n'est qu'à une époque très-récente que
ce caractère a été reconnu comme constituant

CHAMPIGNONS VÉNÉNEUX. 113

une espèce distincte sous le nom d'*Amanite à verrues* ; précédemment, cette Amanite n'était pas botaniquement distincte de l'Amanite rougeâtre. Dans les départements de l'Est de la France, où la Galmote abonde, ceux qui en font la récolte ont remarqué de tout temps que celles qui ont des verrues ne valent rien ; ils considéraient ces verrues comme une maladie de la Galmote, maladie qui la rend vénéneuse. On admet aujourd'hui qu'il y a une fausse Galmote comme une fausse Oronge, et que la Galmote n'est pas, comme on l'a cru longtemps, tantôt inoffensive, tantôt vénéneuse, selon qu'elle a ou qu'elle n'a pas de verrues.

Champignon meurtrier. Ce champignon est seulement aussi vénéneux que ceux qui ont été signalés ci-dessus ; il ne l'est pas davantage, malgré le surnom que lui ont donné les botanistes ; on peut même dire qu'en fait il l'est moins, parce que ses caractères sont si prononcés qu'on le confond très-rarement avec les espèces comestibles. Le chapeau du champignon meurtrier est d'un rouge de brique, avec des zones ou lignes concentriques, d'une nuance un peu plus foncée ; sa forme est d'abord un peu convexe, puis elle devint bientôt légèrement concave au centre. Ses lames irrégulières sont blanches ; lorsqu'on le coupe, il en sort un suc laiteux abondant, dont la saveur est d'une âcreté intolérable. Tous ces signes sont amplement suffisants pour que le champignon meurtrier ne puisse être confondu avec aucun champignon comestible.

En général, à l'exception du champignon délicieux et du Lartaire doré que j'ai signalés et décrits parmi les champignons comestibles (voy. chap. Ier), tout champignon duquel s'écoule un suc laiteux lorsqu'on le coupe, doit être considéré comme vénéneux à divers degrés, quand même il offrirait sous d'autres rapports les caractères des champignons inoffensifs. Cette remarque s'applique particulièrement au champignon meurtrier qu'on trouve fréquemment dans les bois vers la fin de l'été. Les zones ou lignes foncées concentriques du chapeau, principal signe distinctif de ce champignon, manquent quelquefois, et alors il peut être pris pour un champignon inoffensif. S'il existe le moindre doute à cet égard, on doit fendre en long, du haut en bas, le chapeau et son support : si c'est un champignon meurtrier, la saveur âcre et l'odeur nauséeuse du lait abondant qui en sortira, décèleront ses propriétés vénéneuses. Je ne puis trop recommander, lorsqu'on a coupé de mauvais champignons, de frotter avec des cendres de bois et de laver à grande eau la lame du couteau dont on s'est servi ; sans cette précaution le suc desséché du champignon vénéneux empoisonnerait la lame du couteau, et il en pourrait résulter de graves accidents.

Champignon émétique. Ce champignon, comme son nom l'indique, provoque des vomissements douloureux et tient sa place parmi les poisons les plus actifs ; quoiqu'il ne soit pas très-commun, il donne lieu assez souvent à des accidents à cause de l'inconstance de sa forme et de sa couleur. Lorsqu'il sort de terre, son chapeau régulièrement convexe, ses lames blanches, son support exempt de renflement à la base lui donnent une grande ressemblance avec plusieurs champignons appartenant à des espèces comestibles ; mais, en quelques heures, son chapeau se déforme pour devenir légèrement concave et se colore en gris, quelquefois en rose clair ; les lames du champignon émétique sont aussi parfois jaunes au lieu d'être blanches. Ce défaut de fixité dans ses caractères ne permet pas toujours de le distinguer nettement ; mais il diffère toujours assez, de manière ou d'autre, des champignons d'espèces comestibles, pour qu'avec un peu de prudence et d'attention on puisse se préserver des accidents auxquels pourrait donner lieu son mélange, même à faible dose, avec de bons champignons. On ne perdra pas de vue qu'il vaut mieux laisser perdre mille champignons sauvages comestibles, que d'en admettre un seul vénéneux dans leur société. En pareil cas cependant le champignon émétique est un peu moins dangereux que plusieurs autres champignons vénéneux, parce qu'il provoque immédiatement les vomissements et ne séjourne pas dans l'estomac.

Champignon sanguin. Ce champignon est tout à la fois un des plus beaux, des plus dangereux et des plus communs parmi ceux qui croissent à l'état sauvage dans les bois du centre de la France ; il s'y fait remarquer par le rouge uniforme de son plateau, couleur éclatante à laquelle il doit son nom. Le support de ce champignon est assez souvent un peu incliné de côté ; ses lames, d'un blanc pur, sont remarquables par leur forme particulière ; au lieu d'être simplés, comme le sont celles de la plupart des champignons bons ou mauvais des genres Amanite et Agaric, celles du champignon sanguin sont bifurquées et quelquefois trifurquées. Ce signe, facilement reconnaissable, est pour ainsi dire le seul par lequel le champignon sanguin diffère essentiellement du champignon alutacé et de plusieurs autres qu'on mange impunément dans quelques pays. Je me suis abstenu de mentionner ces champignons parmi ceux d'espèces comestibles, à cause de leur grande ressemblance avec le champignon sanguin, ressemblance telle que l'usage alimentaire de ces champignons n'offre aucune sécurité et qu'il est prudent de s'en abstenir, même quand on se croit certain de les bien connaître. Le champignon sanguin, lorsqu'on le coupe, ne laisse écouler aucun suc ; mais, si l'on pose le bout de la langue sur la coupure, on la trouve d'une âcreté intolérable ; sa forme et sa couleur sont très-constantes et ne subissent aucune des variations du champignon émétique, ce qui rend assez facile de le reconnaître et de l'éviter.

Tête-de-Méduse. On ne peut confondre ce champignon avec aucun autre, bon ou mauvais, quoique ses formes et ses nuances manquent de fixité ; mais il présente une particularité qui n'appartient qu'à lui ; il croît en automne dans les bois de haute futaie en très-grosses touffes ; ce sont les supports longs et effilés de ce champignon, entrelacés les uns dans les autres, qui lui ont valu le nom de *Tête-de-Méduse* ; il n'y a donc pas lieu de s'y tromper. Le pédicelle et le chapeau sont l'un et l'autre tantôt fauves, tantôt roux, quelquefois striés, quelquefois d'une teinte uniforme ; les lames sont également de couleur variable, tantôt jaunes, tantôt blanches, très-larges et de grandeur inégale. Le chapeau est

assez régulièrement convexe ; le support ou pédicelle est entouré d'un anneau en forme d'entonnoir.

Plusieurs auteurs, qui assurément n'avaient
jamais goûté de champignon Tête-de-Méduse,
n'ont pas craint de le ranger parmi les champignons comestibles et d'affirmer que la cuisson
lui fait perdre ses propriétés vénéneuses : c'est
une grave erreur. Le champignon Tête-de-Méduse, mangé cru ou cuit, est très-décidément
vénéneux ; il n'y a pas lieu au moindre doute à
cet égard ; des expériences directes, faites en
Belgique avec beaucoup de soin sur des chats et
des lapins adultes, ont donné constamment le
même résultat. Ces animaux, après avoir mangé
de ce champignon même à faible dose, soit
seul, soit en mélange avec d'autres aliments,
sont morts, sans exception, avec les mêmes
symptômes que dans les cas d'empoisonnement
par le champignon meurtrier et la fausse Oronge.
On sait que dans plusieurs de nos cantons fo-
restiers où les champignons abondent, ceux qui
croient les bien connaître ne craignent pas d'en
ramasser de grandes quantités et de les faire
cuire pour en nourrir leurs bestiaux, imprudence qui cause tous les ans la mort d'un grand
nombre d'animaux domestiques. Ceux qui, sur
la foi des livres les plus répandus sur cette ma-

tière, croiraient pouvoir utiliser de cette manière le champignon Tête-de-Méduse, empoisonneraient leur bétail ; il est utile qu'ils en soient prévenus.

Champignon styptique. Le nom de ce champignon est dû à la saveur amère, astringente et d'une âcreté insupportable qui lui est propre. Quoique très-vénéneux, le Champignon styptique n'est point du nombre des plus dangereux, tant son aspect prévient peu en sa faveur. C'est en automne et pendant l'hiver, à la suite des dégels, que ce champignon se rencontre en grand nombre sur les souches des arbres abattus l'année précédente. Le support et le chapeau sont l'un et l'autre d'une nuance fauve-claire assez uniforme ; le chapeau est remarquablement petit, car son diamètre ne dépasse presque jamais 3 ou 4 centimètres ; les bords sont roulés en dessous, et ne s'étalent pas comme chez les autres champignons du genre Agaric. La forme du chapeau est oblongue au lieu d'être ronde, et les lames, très-étroites, de la même nuance que le reste du champignon, sont inégales entre elles.

Malgré la saveur affreuse de ce champignon, quelques auteurs ont prétendu qu'il n'est pas vénéneux, et que, par une longue ébullition dans l'eau, on peut le dépouiller complétement de tout mauvais goût, le rendre ainsi très-mangeable, et l'utiliser soit pour la nourriture de l'homme, soit pour celle des animaux domestiques. C'est, dans tous les cas, une expérience dangereuse, et je ne conseille à personne de la renouveler sur lui-même; celui qui tenterait un essai de ce genre, serait plus que probablement victime de sa témérité.

Bolet pernicieux. Dans les cantons où le Bolet comestible, connu sous les noms de *Cep*, *Gyrolle* ou *Bruguet*, fait partie de la nourriture habituelle des habitants, on doit apporter la plus scrupuleuse attention à éviter les espèces dangereuses qui, malgré les assertions contraires de plusieurs auteurs, sont très-nombreuses dans le genre Bolet, et peuvent d'autant plus aisément donner lieu à des accidents qu'elles diffèrent peu des espèces comestibles.

Le Bolet pernicieux, un des plus vénéneux de ce genre, est heureusement assez facile à reconnaître à un caractère qui n'appartient qu'à lui : son support, qui n'est presque pas renflé vers sa base, est sillonné de lignes rouges sur un fond d'un vert olivâtre; ces lignes sont quelquefois parallèles entre elles, quelquefois entrecroisées en forme de réseau; aucun Bolet inoffensif ne présente ce caractère. Les tubes qui garnissent le dessous du plateau sont jaunes sur toute leur longueur, mais l'orifice de chaque tube est teinté de rouge. La forme du chapeau est régulièrement ronde et convexe; il est revêtu d'une sorte de duvet cotonneux, de couleur olivâtre comme la nuance du fond du support. Cette nuance du chapeau n'est pas constante; elle passe graduellement au brun rougeâtre, et alors la surface du chapeau, de cotonneuse qu'elle était, devient visqueuse et gluante. L'aspect du Bolet pernicieux, parvenu à ce degré de développement, est tellement repoussant qu'il est impossible de le confondre avec aucun Bolet comestible.

Les caractères qui viennent d'être indiqués ne se rencontrent pas toujours tous réunis chez le Bolet pernicieux à ses diverses périodes de développement. Lorsqu'on peut craindre qu'il ne s'en trouve quelqu'un mêlé à des Bolets comestibles, on peut s'en assurer par le procédé suivant. On coupe le Bolet en deux, dans le sens de la longueur de son support, et on laisse les parties coupées exposées au contact de l'air. Chez les Bolets comestibles, la chair, mise à nu, ne change pas de couleur; chez le Bolet pernicieux, elle prend, en moins d'un quart d'heure, une teinte bleuâtre très-prononcée.

Bolet indigotier. La grandeur et la forme de ce Bolet sont celles du Bolet pernicieux; le

support et le chapeau sont l'un et l'autre d'une
nuance rousse très-claire, qui finit par devenir
blanchâtre quand le Bolet indigotier a pris tout
son développement. Si on le coupe dans le sens
de la longueur de son support, sa chair, d'un
blanc de lait, devient presque instantanément
d'un bleu indigo foncé, ce qui justifie le nom
d'*Indigotier* que lui ont donné les botanistes.

L'un des auteurs qui ont écrit avec le plus de
détails sur l'histoire naturelle des champignons,
dit, après avoir décrit très-exactement le Bolet
pernicieux et le Bolet indigotier :

« On les regarde généralement comme véné-
« neux ; cependant on n'a pas d'exemples au-
« thentiques d'empoisonnements causés par ces
« champignons. Il paraîtrait même d'après quel-
« ques auteurs qu'on les mange dans certains
« pays. »

Rien de plus dangereux que de pareilles indications, même quand elles sont présentées
sous la forme du doute, et quoique l'auteur
ajoute que la prudence commande de s'en abstenir. Il peut toujours se trouver, dans les cantons boisés où abondent le Bolet pernicieux et
le Bolet indigotier, des imprudents qui, pendant
la mauvaise saison, manquant de fourrages pour
l'hivernage de leurs bestiaux, seront tentés de
chercher une ressource dans les Bolets d'espèces

dangereuses. Quant aux propriétés délétères du Bolet pernicieux et de l'Indigotier, elles ne sont nullement douteuses ; s'il est vrai qu'on ne puisse citer de cas d'empoisonnement par ces Bolets, parce que fort heureusement tout le monde s'en méfie et personne n'en mange, de nombreuses expériences, entre autres celles de feu le docteur Scheidweiler, ont surabondamment démontré qu'à faible dose, le Bolet pernicieux et le Bolet indigotier donnent la mort à de jeunes chiens et à des lapins adultes, absolument comme les champignons les plus vénéneux des genres Amanite et Agaric.

Le Bolet pernicieux et le Bolet indigotier ont une grande ressemblance l'un et l'autre avec le plus gros des champignons du genre Bolet, le Bolet tubéreux ; ce Bolet est inoffensif ; son goût n'est pas assez agréable pour qu'il serve à la nourriture de l'homme ; on peut, dans les cantons boisés, où il est très-abondant, le faire servir, en automne, à l'alimentation des bestiaux. Je me suis néanmoins abstenu de mentionner le Bolet tubéreux parmi les champignons comestibles, à cause de la difficulté de le distinguer avec certitude des Bolets pernicieux et indigotier. Il vaut beaucoup mieux, pour les cultivateurs de ces cantons, se priver d'une ressource fourragère de peu d'importance, que de risquer de se ruiner en empoisonnant leurs bestiaux avec des Bolets vénéneux.

Vesse-de-Loup. Les mêmes motifs doivent faire proscrire d'une manière absolue le champignon Vesseloup ou Vesse-de-Loup (*Lycoperdon*), que plusieurs auteurs affirment être de bon goût et très-nourrissant, tant que sa substance reste blanche et qu'il n'a point passé la première période de son développement. Comme, plus tard, il est incontestablement pernicieux, je dois engager les habitants des cantons où ce champignon foisonne sur les pelouses sèches, à côté du champignon comestible, à ne jamais s'en servir, ni pour eux ni pour leur bétail, jusqu'à ce que des expériences nombreuses et concluantes aient prouvé qu'on peut l'utiliser avec une entière sûreté. Je crois néanmoins devoir transcrire de l'ouvrage de Lavalle sur les champignons (p. 64) le récit suivant, en lui en laissant, bien entendu, toute la responsabilité :

« J'avais quinze ans, dit Lavalle ; étant grand amateur de champignons, j'étais parti dès la pointe du jour pour aller à la recherche de l'Agaric comestible. Du reste, complétement ignorant sur les caractères qui permettent de distinguer une espèce de toutes les autres, je n'avais pour me guider que la parole d'une servante, qui m'avait indiqué une vaste friche, en me disant : « Dans cet endroit-là il ne vient « que de bons champignons. »

« Arrivé sur la pelouse, je vis étinceler une prodigieuse quantité de champignons d'un blanc pur. Je m'empressai d'en cueillir et d'en manger quelques-uns. Le premier avait une chair très-blanche, ferme, d'un odeur et d'un goût agréables. Le second se trouva rempli d'une poudre noire; je le rejetai, et je mis tous mes soins à ne recueillir que ceux dont la plus grande blancheur était un indice d'une chair convenable. Ma récolte faite, et très-satisfait de la grande quantité de champignons que j'avais su trouver, là où tout le monde en recueillait à peine quelques-uns, je revins à la maison. Dire combien je mangeai de ces champignons me serait aujourd'hui impossible; mais, ce qu'il y a de certain, c'est que j'en pris plusieurs douzaines. Ce ne fut qu'à mon arrivée qu'on me fit apercevoir mon erreur, et qu'on voulut me faire prendre je ne sais plus quelle potion antivénéneuse. Ne me sentant nullement indisposé, je refusai, et je n'eus pas lieu de m'en repentir. Je déjeunai quelques instants après, et je ne m'aperçus pas que ma digestion en fût moins facile et moins prompte qu'à l'ordinaire. L'espèce de champignon que j'avais recueillie, était la *Vesseloup-Protée*. »

Tel est le récit de l'expérience involontaire faite par Lavalle sur lui-même. Si, plus. tard, occupant une chaire de botanique, ayant par conséquent toutes les facilités désirables pour expérimenter directement, il eût, lorsqu'il travaillait à son *Traité des champignons,* expérimenté sur de jeunes lapins à jeun les propriétés du champignon Vesse-de-Loup, à divers degrés de développement, on saurait positivement si ce champignon mérite ou non d'être rangé parmi les champignons inoffensifs, soit pour l'homme, soit pour les animaux domestiques.

Il paraît malheureusement bien constaté que les champignons d'espèces vénéneuses, dans les localités où ils sont excessivement abondants, peuvent occasionner des maladies épidémiques, soit par leurs spores répandues dans l'air sous forme d'une poussière invisible et impalpable, soit par l'odeur infecte et malsaine qu'ils exhalent quand ils tombent en putréfaction. C'est un danger qu'on peut prévenir en faisant ramasser ces champignons, et en les enfouissant à l'état frais dans les carrés des jardins, où ils produisent autant d'effet, comme engrais, que le fumier le plus énergique.

CHAPITRE VIII.

SECOURS EN CAS D'EMPOISONNEMENT PAR LES CHAMPIGNONS.

Causes des empoisonnements acciden-tels par les champignons. Les moyens de distinguer les champignons inoffensifs des champignons pernicieux sont aujourd'hui si bien connus, qu'il y a lieu de s'étonner que les empoisonnements accidentels par les champignons vénéneux soient encore si fréquents. A Paris, Lyon, Bordeaux, Marseille et dans les autres grandes villes, la vente des champignons sur les marchés est si bien surveillée par des hommes spéciaux, que les accidents sont heureusement très-rares. Il suffit aux habitants des grandes villes, pour n'avoir rien à craindre à ce sujet, de ne manger, en fait de champignons, que ceux qui sont vendus publiquement après avoir été sévèrement inspectés, et de s'abstenir scrupuleusement de tout champignon trouvé par eux dans leurs excursions à la campagne, quand même ils se regarderaient comme certains de les connaître parfaitement.

Je rappelle à cette occasion la mort déplorable du cardinal Caprara, venu à Paris pour le Concordat, sous le Consulat. En se promenant dans le bois de Vincennes, il cueillit de fausses

Oronges, les prenant pour des Oronges vraies.
Malgré les représentations de ses gens, il s'obs-
tina à en manger et les trouva excellentes : le
lendemain il était mort.

A la campagne et dans les petites villes, où
la vente des champignons ne peut être l'objet
d'aucune surveillance, on doit, ou bien s'en
tenir aux champignons cultivés, parmi lesquels
il ne peut pas s'en trouver de mauvais, ou bien
étudier avec soin les caractères des bons et des
mauvais champignons, tels que je me suis appliqué à les décrire clairement dans le cours de
ce traité, et rejeter sans hésitation tous ceux
dont les propriétés peuvent paraître douteuses.

C'est dans le but de tenir le public en garde
contre les dangers résultant de l'emploi impru-
dent des champignons douteux, que je réunis
ici pour les combattre, l'exposé des préjugés
vulgaires les plus accrédités à ce sujet, préjugés
qui, en inspirant une sécurité trompeuse,
donnent lieu le plus souvent aux empoisonnements accidentels par les champignons.

**Préjugés vulgaires au sujet des cham-
pignons sauvages.** Le plus répandu de ces
préjugés, c'est assurément celui qui fait considérer comme inoffensif pour l'homme tout
champignon entamé par les limaces ou les petits
rongeurs. Qui ne sait que les organes digestifs

de l'homme diffèrent essentiellement de ceux
des animaux, et qu'à part les champignons, il y
a une foule de substances que certains animaux
mangent impunément, et que l'homme ne peut
manger sans s'empoisonner? On ne doit pas
même regarder comme une cause suffisante de
sécurité complète, le goût très-prononcé des
sangliers et des bêtes à cornes envoyées au pâturage dans les bois, pour certaines espèces de
champignons; il n'y a rien de certain à en conclure quant aux propriétés inoffensives de ces
mêmes champignons à l'égard de l'homme.

J'en dis autant des caractères généraux des
mauvais champignons, tels qu'on les trouve
formulés dans la plupart des auteurs. Ils donnent comme des caractères communs à tous les
champignons vénéneux, l'absence d'odeur, une
saveur âcre, analogue à celle du poivre, une coloration vive, en vert ou d'une autre nuance
éclatante, enfin un lait abondant qui s'en
échappe lorsqu'on les coupe.

Aucun de ces caractères n'est exclusivement
propre aux mauvais champignons; le dernier
surtout, qui se rencontre en effet chez beaucoup
de champignons vénéneux, existe au même
degré chez le Lactaire doré, l'un des meilleurs
et des plus faciles à digérer, parmi les champignons comestibles.

Un autre préjugé, encore plus dangereux, c'est celui qui fait croire que les mauvais champignons, lorsqu'on les fait cuire, font immédiatement noircir une cuillère d'argent, qu'on y plonge pendant que leur sauce est en ébullition. Le changement de couleur de la cuillère d'argent ne prouve absolument rien; elle peut noircir dans une sauce de bons champignons, et rester blanche dans celle des champignons les plus dangereux. On regarde également comme mauvais les champignons qui font noircir les oignons dont on les accompagne en les faisant cuire, et comme bons ceux dans lesquels, pendant leur cuisson, les oignons ne changent pas de couleur; c'est encore un préjugé; cette indication n'est en réalité d'aucune valeur.

J'insiste sur ces détails, parce que bien des gens peu éclairés accordent à ces préjugés une confiance aveugle. Ainsi, dans les campagnes, si l'on fait cuire des champignons plus ou moins douteux, on y ajoute quelques cuillerées de lait, et si la sauce ne tourne pas, les champignons sont acceptés comme bons. Ce préjugé n'est pas moins répandu parmi les classes peu éclairées de la population des villes. La *Gazette des hôpitaux* (septembre 1852) en rapporte un terrible exemple.

Deux personnes, demeurant rue du Petit-

Carreau, étaient allées se promener au bois de Boulogne, où elles avaient ramassé des champignons. Au retour, les champignons furent préparés, et l'on crut être certain qu'ils étaient de bonne qualité. Cinq personnes mangèrent de ces champignons, et dès le soir, toutes cinq ressentirent les effets de l'empoisonnement. Les souffrances ont été atroces, et malgré tous les secours, deux d'entre elles ont succombé dans la nuit du surlendemain; deux autres sont mortes quelques jours plus tard; *une seule* a survécu, ayant mangé un peu moins que les autres de ce mets redoutable.

Comme le médecin s'étonnait qu'on eût pu commettre une si fatale imprudence, on lui répondit que les champignons avaient été regardés comme bons, parce qu'on les avait fait cuire dans du lait, et que *le lait n'avait pas tourné.*

Il faut également se tenir en garde contre les recettes données comme d'un effet infaillible pour détruire les propriétés nuisibles des champignons douteux, et même celles des champignons les plus vénéneux. On a recommandé principalement la macération prolongée dans l'eau salée et fortement vinaigrée des champignons suspects; on peut ensuite, dit-on, les accommoder et les manger sans se compro-

mettre; leur principe délétère a été dissous et
neutralisé.

La vérité, c'est que, si les champignons appartiennent à des espèces comestibles, ils per-
dent par la macération prolongée dans l'eau
salée et vinaigrée, leur saveur agréable et la
plus grande partie de leurs propriétés alimentaires; s'ils sont réellement vénéneux, leur principe vénéneux n'est neutralisé qu'en partie; ils
en retiennent encore assez pour rendre ceux
qui en mangent très-sérieusement malades.

**Symptômes de l'empoisonnement par
les champignons.** On ne peut pas espérer,
malgré les fréquents avertissements donnés aux
imprudents par l'exemple de ceux qui suc-
combent, mortellement atteints par le principe
délétère des mauvais champignons, que les
malheurs de ce genre cesseront de se reproduire, quoique la connaissance des caractères
des mauvais champignons devienne de plus en
plus vulgaire, et que rien ne soit plus facile que
de les éviter.

Il est donc nécessaire de faire connaître exactement les symptômes de l'empoisonnement par
les champignons, et les premiers secours à
donner aux victimes de ces accidents, en l'absence du médecin. Ce qui rend ce genre d'empoisonnement plus funeste que beaucoup d'autres,

c'est que pour que le poison des champignons
vénéneux commence à faire sentir son action,
il faut que la digestion de cet aliment fatal soit
déjà à moitié faite, de sorte que quand on s'a-
perçoit du mal, il est déjà trop tard pour le
combattre.

Le premier malaise qui résulte d'un empoisonnement par de mauvais champignons, est
une pesanteur d'estomac semblable à celle qui
précède une indigestion. S'il y a erreur et qu'on
prenne une simple indigestion de bons champignons pour le début d'un empoisonnement, il
n'y a aucun inconvénient à agir comme si l'empoisonnement était déclaré. On doit provoquer
les vomissements le plus promptement possible,
en faisant prendre au malade de l'eau tiède avec
un peu d'huile. Si c'est un enfant, et qu'il soit
plus ou moins difficile de le faire boire, on se
hâtera de lui passer à l'entrée du gosier les
barbes d'une plume trempée dans l'huile; cela
suffira pour le faire vomir.

Lorsqu'après les vomissements le mal s'arrête,
c'est qu'il y avait simplement indigestion, ou
bien que les champignons vénéneux n'ont pas
séjourné dans l'estomac assez longtemps pour
exercer complétement leur action délétère.

Malheureusement, le plus souvent on donne
peu d'attention au premier malaise, qui sur-

vient ordinairement chez les personnes adultes de 6 à 10 heures après que les champignons ont été mangés. S'ils ont fait partie du repas du soir, on ne ressent presque rien pendant la nuit; vers le matin seulement il survient une douleur assez vive, mais supportable cependant, au creux de l'estomac, et l'on y donne peu d'attention. C'est alors qu'il faudrait provoquer les vomissements sans perte de temps; les suites fatales de l'empoisonnement pourraient encore être évitées. Si nul remède n'est appliqué, on souffre plus ou moins d'étouffement et de douleur au cœur pendant tout le jour suivant; vers le soir seulement surviennent les nausées, suivies de vomissements pénibles qui, à ce moment, ne peuvent plus rien prévenir. Le second jour, le mal d'estomac devient intolérable, les vomissements sont presque continuels; ils sont accompagnés d'envie fréquente d'évacuer, mais sans évacuation; les urines, d'abord arrêtées et devenues douloureuses, cessent tout à fait; si la victime est un enfant, elle succombe presque infailliblement le soir du second jour. Les personnes adultes résistent de 3 à 5 jours, et ne meurent qu'après avoir cruellement souffert. Celles que les secours, même tardifs, de l'art médical parviennent, mais rarement, à rappeler à la vie, ne sont complétement hors de danger que du sixième au dixième jour ; chez la plupart d'entre elles la convalescence est aussi longue qu'après une maladie de trois mois.

Je ne puis trop le redire : la victime d'un empoisonnement par les mauvais champignons a peu de chances d'échapper à la mort, quand elle est tardivement secourue ; si elle ne l'est pas dans les douze heures qui suivent l'introduction du poison dans son estomac, elle n'en a pour ainsi dire aucune ; elle ne peut éviter la mort que par un hasard miraculeux.

Les symptômes que je viens de décrire sont ceux qui accompagnent l'empoisonnement par la plupart des mauvais champignons. L'empoisonnement par la fausse Oronge présente des caractères particuliers, dont le plus utile à connaître est une disposition invincible au sommeil. Si, après avoir mangé des Oronges, vous vous sentez pris d'une envie de dormir insurmontable, il devient très-probable que quelques mauvaises Oronges se seront trouvées mêlées aux bonnes ; il faut sans retard faire vomir et appeler le médecin. Le sommeil provoqué par la fausse Oronge est tellement profond que souvent le médecin a beaucoup de peine à faire ouvrir la bouche du malade et à lui faire prendre ce qui doit le sauver.

Le docteur Roques cite l'exemple d'un enfant

dont les parents avaient été empoisonnés par de
fausses Oronges mêlées à des Oronges vraies, et
qui n'avait mangé, lui pour sa part, qu'un peu
de pain trempé dans la sauce du ragoût. Cet enfant fut pris d'un sommeil léthargique qui dura
seize heures, et qui se dissipa de lui-même au
bout de ce temps, sans aucune médication; ce
qui fut regardé comme un miracle.

Premiers remèdes. Dans tous les cas d'empoisonnement par des champignons, le plus
pressé, dès que le mal se déclare, c'est, comme
je l'ai dit, de faire vomir, n'importe comment.
Si la victime est empoisonnée par la fausse
Oronge, ce dont on sera averti par le narcotisme
qui s'empare d'elle, on fera en sorte de la ré-
veiller en lui faisant prendre un peu d'eau de
Luce (acétate d'ammoniaque), remède inoffensif qu'il est toujours prudent d'avoir sous la
main.

Pour peu que le médecin tarde à venir, après
avoir fait rejeter le poison par les vomissements,
on provoquera les selles en donnant des demi-la-
vements avec de l'eau de savon ou une légère
infusion de tabac; car en pareils cas, attendre,
c'est tout perdre, et le danger est tellement grave
que chaque minute doit être mise à profit.

Dans le trouble qui s'empare trop souvent des
personnes qui entourent les gens empoisonnés

par les champignons, elles leur donnent quelquefois, croyant à une forte indigestion, de l'éther, de la liqueur d'Hoffmann ou quelque autre liqueur spiritueuse ; c'est une faute capitale, qui ne peut que rendre plus grave le danger que court le malade. Tout liquide spiritueux, l'éther plus que tout autre, dissout immédiatement dans l'estomac le principe vénéneux des mauvais champignons, et comme il ne le fait pas rejeter, il en active l'action funeste. Le vinaigre et l'eau salée ont, quoiqu'à un moindre degré, le même genre d'inconvénient ; il faut se donner de garde de les administrer à ceux qui ressentent les premiers symptômes d'empoisonnement par les champignons.

Quand l'évacuation des champignons vénéneux est complète, et qu'il ne passe plus rien qui indique qu'il en reste encore dans l'estomac, on peut administrer, si le médecin n'est point encore arrivé, des boissons mucilagineuses, de l'eau gommée, de la décoction d'orge, et avec précaution, quelque boisson légèrement acidulée.

Le surplus du traitement ne peut offrir au malade quelque chance de salut, que s'il est confié à un médecin expérimenté.

TROISIÈME PARTIE.

TRUFFES.

—

CHAPITRE IX.

HISTOIRE NATURELLE DE LA TRUFFE.

Nature de la truffe. J'aurais donné, dans l'énumération des champignons comestibles, la première place à la truffe, si la truffe était réellement un champignon. Mais, de nos jours, on lui conteste avec raison cette qualité. Rien ne prouve, en effet, que la production souterraine, si chère aux gastronomes de tous les temps et de tous les pays, ait droit au titre de champignon. Son tissu, scrupuleusement examiné à l'aide des plus forts microscopes, n'offre aucune analogie avec le tissu des champignons; on ne peut y découvrir, malgré les assertions contraires, basées sur des observations inexactes, ni lames, ni tubes, ni spores, ni rien de ce qui indique un mode de reproduction analogue à celui des subs-

tances végétales; l'analyse chimique décèle au
contraire, dans la truffe, une composition encore
plus rapprochée que celle de la Morille elle-même
de la composition des substances animales. Le
seul corps auquel on puisse comparer la truffe
et qui paraisse présenter avec elle un certain degré d'analogie, c'est la noix de galle, produite,
comme on sait, par la piqûre d'un insecte du
genre Cynips, sur les feuilles de plusieurs espèces de chênes, dont la séve extravasée et déna-
turée donne lieu à cette singulière excroissance.

On avait bien remarqué précédemment, comme
l'a constaté M. le professeur Dupuis, que des
colonnes d'insectes diptères, appartenant au
genre *Tipule*, voltigent au-dessus des truffières
naturelles; on avait même trouvé dans les truffes
de très-petites larves de ces mêmes tipules; on
s'était borné à en conclure que la tipule dépose
en terre ses œufs dans la truffe, vers laquelle elle
est attirée par son odeur pénétrante. On incline
actuellement à penser que la tipule de la truffe
pond dans la substance même des racines les
plus déliées et les plus rapprochées du sol, des
arbres dans le voisinage desquels on rencontre
constamment la truffe. Sa piqûre, dans laquelle
elle dépose un œuf, extravase la séve de l'arbre
et fait naître la truffe qui se détache ensuite de
cette racine, comme la noix de galle se détache

de la feuille de chêne sur laquelle elle s'est for-
mée. Cette explication, qui rend compte de la
façon la plus rationnelle de la formation de la
truffe et de la véritable nature de cette substance,
la sépare des champignons et jette un jour nouveau sur les méthodes à employer pour atteindre
le but si longtemps et si vainement cherché,
la multiplication artificielle de la truffe (voy.
chap. III).

La truffe, parvenue à son développement complet, est intérieurement d'un noir marbré de
veines grises; elle est couverte à l'extérieur
d'écailles ou verrues noires qui lui composent
une sorte d'écorce rude au toucher; toutes les
parties de la truffe sont également douées d'un
parfum qui se communique aux mets dont la
truffe fait partie, même à faible dose.

Propriétés alimentaires de la truffe.
On ne peut contester à la truffe toutes les propriétés d'un excellent aliment; néanmoins il ne
faudrait pas prendre trop au sérieux les éloges
exagérés qu'en font certains auteurs.

«On peut affirmer, dit le professeur Lavalle,
que nulle substance alimentaire n'est compara-
ble à la truffe. Arome parfait, inimitable, saveur exquise, *digestion facile,* nutrition plus
complète que par aucun autre végétal, la nature
n'a rien refusé à ce précieux champignon. »

Il n'est pas vrai que la truffe soit facile à digérer ; beaucoup de personnes, même douées
d'un bon estomac, la digèrent difficilement ;
beaucoup d'estomacs délicats ne la digèrent pas
du tout. Le même auteur ajoute qu'il a connu
des gens qui pouvaient manger en un jour *un
kilogramme de truffes,* sans en être incommodés ;
ces gens étaient, assurément, de très-rares ex-
ceptions ; le premier venu qui s'aviserait de s'au-
toriser d'un pareil exemple pour manger un kilogramme de truffes en un jour, s'exposerait à
mourir d'indigestion. La truffe est, au rebours
des affirmations du professeur Lavalle et du docteur Roques, l'un des aliments dont il faut user
avec le plus de prudence.

Station habituelle des truffes. On trouve
des truffes en assez grande quantité dans les
bois des départements situés au Nord du bassin
de la Seine ; on en trouve fréquemment dans
ceux des environs de Paris ; mais ces truffes sont
presque totalement dépourvues de saveur et de
parfum ; elles ne possèdent par conséquent aucune valeur gastronomique. Les vraies truffes,
les seules qui soient dignes d'être admises sur les
tables bien servies, ne se rencontrent que dans
nos départements méridionaux, spécialement
dans ceux que traversent la Dordogne et ses af-
fluents. Dans cette partie de la France on

nomme la truffe *Rabasse ;* ceux qui s'occupent
de sa recherche, en utilisant à cet effet la finesse
de l'odorat des chiens et des porcs, sont nommés *Rabasteins.* C'est toujours dans les terrains
frais, plutôt argilo-siliceux que trop riches en
principes calcaires et ombragés, soit par de
grands chênes, soit par des touffes de chênes
verts, qu'on cherche la truffe, avec l'espoir fondé
de la trouver. Les chiens truffiers sont ordinairement des barbets ou caniches doués d'un odorat très-fin. Ils grattent très-légèrement la terre
là où ils reconnaissent un gisement de truffes,
et se retirent discrètement pour laisser leur
maître fouiller le sol à l'aide d'une binette, et
récolter les truffes. Les porcs truffiers, d'un odorat encore plus sensible que celui des chiens,
doivent être à jeun pour aller à la recherche des
truffes. Il faut les écarter à coups de bâton dès
qu'ils commencent à creuser la terre, sans quoi
ils récoltent les truffes, mais pour leur propre
compte et n'en laissent pas une pour leur maître.
Néanmoins le produit de cette chasse est fort
incertain ; l'industrie des Rabasteins est très-
aléatoire, et l'on y fait rarement fortune. On
trouve assez souvent des truffes de la grosseur
du poing, ou même du volume d'une tête d'enfant ; ce sont les moins estimées ; on regarde
comme les meilleures les truffes de la grosseur

d'un œuf de poule, ou un peu au-dessus de ce volume, mais sans le dépasser de beaucoup.

Il y a des années où la truffe est tellement rare sur les marchés des villes, que son prix monte à un taux excessif, et qu'elle n'est plus à la portée que d'un nombre très-limité d'amateurs opulents ; la truffe, même quand elle est abondante, et relativement à bon marché, n'est point du nombre des aliments appelés à devenir d'un usage général. Mais, si sa production était un jour réalisée par la multiplication artificielle, la truffe pourrait entrer en qualité d'assaisonnement dans la préparation d'une foule de mets, sans porter aucun préjudice à la santé des consommateurs.

CHAPITRE X.

ESSAIS DE MULTIPLICATION ARTIFICIELLE DE LA TRUFFE.

Truffières artificielles. S'il fallait prendre au pied de la lettre les ouvrages de ceux qui ont écrit à diverses époques sur les moyens de multiplier la truffe, ces moyens, car ou en prône plusieurs, ne seraient plus inconnus; on multiplierait à volonté la truffe, sans plus de difficulté que la pomme de terre, et il n'y aurait plus lieu de, chercher la solution d'un problême résolu depuis fort longtemps. L'un de ces auteurs, M. Lavalle (de Dijon) dit dans son *Traité des champignons comestibles*, p. 22: « Au printemps, on recueille dans les bois de petites truffes qu'on a soin d'extraire avec la terre qui les entoure, et de transporter aussi rapidement que possible au lieu de la plantation. On a dû préparer à l'avance un sol convenablement humide et très-riche en terreau obtenu par la décomposition des feuilles de chêne et de charme. On y plante à 8 ou 10 centimètres de profondeur les petites truffes qu'on a eu soin de recouvrir d'abord d'une certaine quantité de la terre dans laquelle elles ont été récoltées. Si cette plantation a lieu dans un parc ou dans une forêt, tout est terminé, et la truffière est établie. Si on a opéré dans un endroit découvert, il est indispensable d'y planter de jeunes plants de chêne et de charme, afin d'ombrager le terrain. Dès la seconde année, on peut faire une récolte de truffes. »

J'ai transcrit ce passage, parce qu'il est affirmatif d'un bout à l'autre, et qu'il semble en le lisant qu'il n'y ait qu'à suivre de point en point la marche indiquée pour avoir des truffes à discrétion. Malheureusement il n'en est rien. M. Lavalle dit en terminant qu'on peut récolter des truffes par cette méthode ; mais on peut aussi n'en pas récolter, et c'est ce qui a lieu le plus souvent, sans quoi les truffes seraient depuis de longues années descendues au prix le plus minime. On affirme, d'après des expériences faites dans le Midi, avec toutes les précautions qui pouvaient en assurer le succès, que 9 fois sur 10 les tentatives d'établissement de truffières ne donnent que des résultats purement négatifs.

Un autre auteur, M. Delastre (de la Vienne), n'est pas moins affirmatif sur le même sujet. Il ne tiendrait qu'à celui qui lit son *Aperçu de la végétation du département de la Vienne*, de croire que les heureux habitants de ce département récoltent les truffes par hectolitres, et qu'il suffit de semer des glands dans une terre stérile argilo-ferrugineuse pour qu'à l'abri des jeunes chênes, les truffes s'y propagent à foison. La vérité, c'est que la truffe naît capricieusement, sans qu'on puisse en aucune manière compter sur sa propagation naturelle ou artificielle, et que dans les terrains·en apparence le mieux préparés pour qu'il y vienne des truffes, plusieurs années se passent sans qu'on en trouve une seule. Je pourrais citer dans tout le Midi des centaines de truffières établies dans les meilleures conditions, et où jamais une truffe n'a été récoltée.

Truffières du département de Vaucluse. Rien n'a mieux élucidé la question des truffières artificelles que la note publiée dans le *Journal d'agriculture pratique* (numéro du 20 février 1856), par M. le comte de Gasparin. A la grande exposition de 1855, M. Rousseau, de Carpentras (Vaucluse), avait exposé de fort belles truffes dans un parfait état de conservation ; cet exposant se mettait sur les rangs pour obtenir le prix destiné à la production artificielle de la truffe. Ses titres à cette récompense ne parurent pas suffisants au jury, qui décerna seulement à M. Rousseau une médaille pour la conservation des truffes. Quelque temps après, M. de Gasparrin voulut voir le terrain dans lequel est établie la truffière artificielle de M. Rousseau. C'est un champ de 2 hectares, dans lequel des glands de chênes verts et de chênes blancs, dits *chênes truffiers,* ont été semés en lignes espacées entre elles de 6 mètres. Les chênes venus de ce semis avaient six ans, lorsqu'on y a récolté *3 truffes* pour la première fois. Quand M. de Gasparin visita la truffière de M. Rousseau, elle était considérée comme en plein rapport, on le fit même assister à la récolte de quelques truffes qu'une truie fort intelligente allait déterrer au pied des jeunes chênes. Mais, à quoi s'élève cette récolte ? « Au bout de huit ans, dit M. de Gasparin, on a obtenu 15 kilogrammes de truffes sur 2 hectares de terrain, soit 7 kilogrammes 500 grammes par hectare. »

On comprend que pour arriver à un tel résultat, ce n'est pas beaucoup la peine de créer des truffières artificielles, qu'il n'y a pas là de quoi proclamer que le problème de la multiplication de la truffe est résolu, et que des centaines de truffières comme celle de M. Rousseau (de Carpentras) ne sont pas appelées à rendre la truffe commune et à bas prix. Or, partout où l'on a, jusqu'à ce jour, tenté d'établir des truffières artificielles, soit qu'on y ait planté de petites truffes dans l'espoir qu'elles en produiraient de grosses, soit que, comme M. Rousseau, on s'en soit rapporté à la nature du soin de faire croître des truffes, et qu'on se soit appliqué seulement à réaliser les conditions considérées comme favorables à ce genre de production, les récoltes n'ont jamais dépassé de beaucoup les limites constatées par M. de Gasparin dans le département de Vaucluse. Le problème n'est donc nullement résolu, et il reste de la marge pour ceux qui en cherchent encore la solution.

Les observations qui précèdent n'ont pas pour but de décourager ceux qui, dans les départements dont le sol et le climat conviennent à la truffe, cherchent à établir des truffières artificielles; je veux seulement bien constater à quel point en est de notre temps la question de la multiplication de la truffe, afin d'encourager les essais de ceux qui cherchent à faire avancer cette question dans un sens différent. Je dois donc donner, quant au truffières artificielles, tous les détails de nature à éclairer ceux qui se proposeraient d'en établir.

En premier lieu, il paraît bien constant que ce sont toujours les terrains maigres, plutôt légers que trop forts, argilo-sableux, contenant plus ou moins de fer, qui offrent pour l'établissement des truffières le plus de chance de succès; on ne trouve guère, en effet, que dans ce

genre de terrains la truffe à l'état sauvage, dans
Vaucluse, dans le Lot et dans la Dordogne, les
trois départements qui en produisent le plus.
La présence des plantations de jeunes chênes
verts et blancs, associés à quelques charmes,
est une condition indispensable de succès; dans
le département de Vaucluse, on fait alterner, de
loin en loin, un rang de vigne entre deux rangs
de chênes qu'on nomme dans ce pays *chênes
truffiers*. Ces chênes n'appartiennent pas, comme
leur nom pourrait le faire croire, à une espèce
ou variété distincte : ce sont des chênes verts ou
des chênes blancs, mais plus particulièrement
des chênes verts, au pied desquels on trouve assez
souvent des truffes. Dès que ces chênes sont assez
grands pour porter fruit, leurs glands sont soigneusement recueillis et employés à l'exclusion
des autres, comme devant donner naissance à
des chênes truffiers, pour les semis en lignes
dans les truffières. Ce moyen ne réussit pas toujours ; ainsi, par exemple, dans la truffière de
M. Rousseau (de Carpentras), les chênes vrai-
ment truffiers, au pied desquels on trouve de
temps en temps quelques truffes, sont marqués
sur l'écorce d'un trait de peinture à l'huile ; le
plus grand nombre des chênes, dans la truffière
de M. Rousseau d'une étendue de 2 hectares,
n'a pas de marque ; on n'a jamais trouvé de

truffes au pied de ces arbres, et comme il est probable qu'on n'en trouvera jamais, ils doivent être successivement supprimés pour éclaircir la plantation et laisser le champ libre aux autres. Tous proviennent cependant de semis de glands récoltés sur les chênes les plus truffiers de tout le pays.

Truffières du département de la Vienne. On regarde comme ayant réussi, dans le département de Vaucluse, une truffière qui, après huit ans d'attente, donne par la vente des truffes, un produit net de 30 à 35 fr. par hectare; la valeur du bois des chênes qui croissent lentement et ne prennent jamais dans les terrains propres aux truffières un accroissement considérable, est regardée comme insignifiante, et il n'en est pas tenu compte. Il n'en est pas de même dans le département de la Vienne, où les truffières sont formées sur les mêmes bases et d'après les mêmes données que dans Vaucluse, mais sur des terres plus favorables à la croissance des chênes verts ou blancs, dont le bois a une assez grande valeur.

La truffe, selon M. Delastre, se rencontre dans les terrains graveleux du département de la Vienne; un sol chaud et aride, où la végétation est peu active, paraît lui être particulièrement favorable; elle ne se propage bien, selon les

observations du même auteur, qu'à proximité
des racines les plus déliées de certains arbres,
tels que le chêne, le charme et le noisetier. A
mesure que ces arbres grandissent, la quantité
de truffes récoltées dans leur voisinage, va graduellement en diminuant; elle est nulle ou
presque nulle, quand les arbres ont atteint
l'âge auquel ils peuvent constituer un taillis
aménagé en coupe réglée; c'est d'après ces
données que sont formées les truffières dans le
département de la Vienne.

Le sol, d'après les analyses de M. Delastre,
est formé de 5 à 6 centimètres d'une terre argilo-ferrugineuse, à peu près stérile, contenant
sur 1000 parties, 500 de calcaire, 325 d'argile
et de fer, 150 de sable quartzeux, et tout au
plus 25, soit *quatre centièmes* seulement de terre
végétale proprement dite. Bien que, dans un
sol de cette nature, les semis de glands et
d'autres graines d'essences forestières offrent peu
de chances de succès, on ne tient pas compte
de cette circonstance; tant que les arbres ne
peuvent constituer un taillis en coupe réglée,
la truffe, bien qu'elle ne s'y trouve pas en plus
grande abondance que dans le département de
Vaucluse, est le produit principal.

« Aujourd'hui, dit M. Delastre, beaucoup de
propriétaires font des semis de chênes calculés

de façon à en avoir chaque année quelques portions à exploiter comme truffières. Il faut ordinairement de 6 à 10 ans pour qu'une truffière
soit en rapport ; elle conserve sa fertilité pendant 20 à 30 ans, selon que le chêne y prospère
plus ou moins. Lorsque les taillis ont acquis
une certaine vigueur, et que leurs rameaux
entrecroisés ne permettent plus au sol ombragé
de recevoir l'influence fécondante du soleil et des
variations successives de l'atmosphère, alors le
foyer s'éteint peu à peu ; mais le pays y a gagné
de voir convertir en bosquets multipliés des
plaines désolées, et jusques-là improductives. »

En attendant qu'on trouve dans un avenir
plus ou moins éloigné le vrai moyen de produire des truffes à volonté, il est certain que les
propriétaires qui boisent des terrains incultes
et stériles, propres à l'établissement des truffières, et qui regardent les truffes comme un
produit transitoire couvrant les frais du boise-
ment, tandis que les jeunes arbres croissent,
font tout ce qu'il est possible de faire de mieux
pour la multiplication de la truffe. Ce sont leurs
truffières, si peu productives qu'elles soient,
qui versent dans le commerce la plus grande
partie des truffes livrées à la consommation et
qui empêchent le prix de cet aliment si recherché, d'arriver à un taux par trop excessif.

Méthode de M. de Noé. Les succès obtenus par M. le comte de Noé pour la multiplication de la truffe, ont eu un grand retentissement, quoiqu'ils fussent à moitié dus au hasard. M. de Noë, sans trop compter sur le résultat d'une telle expérience, fit un jour nettoyer et ratisser dans son parc une place ombragée par des charmes et des chênes ; il y fit déposer, sans les enterrer, non pas des truffes entières ou coupées en morceaux, mais simplement des épluchures de truffes provenant de sa cuisine ; le tout fut recouvert de 7 à 8 centimètres de terreau et d'autant de feuilles mortes ; puis cet essai fut complétement oublié.

Deux années s'étaient écoulées, lorsque le jardinier de M. de Noé remarqua que la terre semblait s'être soulevée à l'endroit où avaient été déposées les épluchures de truffes ; on fouilla légèrement, et l'on trouva une assez grande quantité d'excellentes truffes. La même méthode, si un procédé si simple mérite le nom de *méthode*, fut appliquée depuis avec persévérance par M. de Noé ; elle donna constamment le même résultat. Elle reçut par les journaux d'agriculture et d'horticulture une large publicité ; elle fut consignée dans le livre de M. Roques, livre qui est entre les mains de tous ceux qui s'occupent de la multiplication des champignons et des truffes ; et malgré tout cela, la truffe n'est devenue sur les marchés ni moins chère ni plus abondante, preuve évidente que la méthode de M. de Noé, comme celle des truffières artificielles, ne peut aboutir qu'à une production de truffes assez limitée.

J'ajoute, pour être juste, que M. de Gasparrin, dans sa visite à la truffière artificielle de M. Rousseau (de Carpentras), remarqua une application couronnée de succès de la méthode de M. de Noé. « On nous a montré, dit-il, dans la note citée plus haut, une prairie fumée avec des pelures de truffes, et qui donne des résultats prodigieux. »

La grande difficulté devant laquelle ont échoué tous ceux qui, à notre connaissance, ont voulu tenter de sérieuses applications de cette méthode, a toujours été de se procurer des pelures de truffes en assez grande quantité. Si ces tentatives étaient reprises de nos jours, dans ceux de nos départements méridionaux où elles peuvent offrir le plus de chances de succès, il faudrait que l'expérimentateur se mît en rapport avec Paris, Lyon et les autres lieux de grande consommation de truffes, et qu'il se fît expédier par chemin de fer toutes les épluchures de truffes qu'il serait possible de réunir ; encore faudrait-il que le prix de ces épluchures ne fût

pas excessif et hors de proportion avec le résultat utile qu'il est permis d'espérer de leur emploi.

**Nouvelles données sur la multiplica-
tion de la truffe.** Les progrès récents de l'entomologie ont ouvert une nouvelle voie à toute
une série d'expériences à tenter pour multiplier
la truffe en quantités illimitées. Ceux qui veulent
arriver à ce résultat, toujours inutilement pour-
suivi depuis des siècles, doivent, selon nous,
dans l'état actuel des connaissances acquises en
histoire naturelle, renoncer à regarder la truffe
comme un cryptogame, et cesser de tenter d'en
obtenir la multiplication artificielle, en cher-
chant à la faire croître comme un végétal.

Dès la plus haute antiquité, la nature particulière de cette singulière production avait été
remarquée. Pline, le naturaliste, qui n'est en
ce point comme en beaucoup d'autres que l'écho
de naturalistes beaucoup plus anciens, n'est
pas bien sûr que la truffe soit un végétal; il ne
voit pas comment elle adhère au sol où on la
trouve; si elle y tient, dit-il, ce ne peut être
que par des filaments imperceptibles. Si plus
tard les régénérateurs de la botanique ont
tranché la question en classant la truffe dans la
Cryptogamie, sous le nom de *Lycoperdon tuber*,
ils n'ont pas changé la nature de la truffe; ils

n'ont même pas, malgré de nombreuses observations microscopiques, fait faire de progrès
sensible à la connaissance de sa structure et de
son mode de développement. C'est seulement de
nos jours que quelques naturalistes se sont ha-
sardés à émettre des doutes sur la nature végétale de la truffe. Les entomologistes ont constaté, pour leur part, l'existence d'un diptère,
probablement du genre *Tipule* (très-voisin du
Cousin, que tout le monde connaît), insecte
voltigeant le soir en colonnes nombreuses au-
dessus des places qui recèlent des truffes dans
le sol. Déjà M. Dupuis, professeur de botanique
à Grignon, écrivait en 1854 : « Une espèce de
tipule qui dépose ses œufs sur la truffe dont se
nourrissent ses larves, en indique aussi la présence. »

Il n'est pas difficile de vérifier que les truffes
ne sont point à l'intérieur habitées et rongées
par des larves d'insectes. Un autre observateur,
M. B. Robert, approche davantage de la vérité,
bien qu'il n'ose l'exprimer que sous la forme
du doute.

« Ne pourrait-on même pas admettre, dit
M. Robert (*Journal d'agriculture pratique,* numéro du 1er mars 1847), que les truffes doivent leur naissance à une circonstance à peu
près pareille à celle qui donne lieu sur la feuille

.de certains chênes, à cette espèce d'excroissance d'où résultent les noix de Galle, c'est-à-
dire à la piqûre de quelque insecte ? »

Je pense que c'est là l'exacte vérité sur la
nature de la truffe, qu'il n'y a plus de place au
doute à ce sujet, et que si l'on a échoué jusqu'à
présent en prétendant cultiver la truffe comme
un tubercule souterrain, c'est qu'elle n'est en
réalité qu'une noix de Galle souterraine produite par la séve de quelques arbres, extravasée
par la piqûre de l'insecte femelle qui s'enterre
pour aller y déposer ses œufs.

En adoptant cette donnée, il reste à étudier à
fond l'insecte (tipule ou autre) qui produit la
truffe ; on sait déjà que cet insecte pique les
racines les plus déliées et les plus voisines du
sol, du charme, du chêne vert, du chêne blanc,
auxquels il faudrait ajouter le noisetier, selon
M. Delastre, et le cade ou genévrier du Midi,
selon M. B. Robert. Il n'est jamais impossible,
ni même bien difficile à l'homme civilisé de faire
multiplier à volonté les insectes dont il peut
tirer un parti quelconque ; c'est ainsi qu'il a su
amener à une espèce de demi-domesticité l'in-
dustrieuse abeille, qu'il sait faire filer le ver à
soie à son profit, qu'à la Chine il récolte d'amples provisions de cire végétale produite sur le
troène à feuilles persistantes, par la piqûre de

la femelle d'un insecte, proche parent du Cynips, qui produit la noix de Galle. Il n'y a pas de raison pour que la tipule de la truffe ne subisse pas la même loi.

Faisons observer que dès à présent le succès, tout limité qu'il est, obtenu dans la formation des truffières artificielles, semble concorder avec cette donnée. Personne, même parmi ceux qui croient le plus fermement à la nature végétale des truffes, ne nie l'influence sur leur production, d'un certain nombre d'arbres hors du voisinage desquels on ne les rencontre jamais. Ces arbres ne sont favorables à la croissance de la truffe que dans leur jeunesse et seulement dans les terres stériles qui offrent à leurs racines peu d'aliments et qui rendent leur croissance très-lente. C'est que, dans ces circonstances seulement, les racines de ces arbres sont contraintes à s'étendre dans tous les sens à une très-faible profondeur, parallèlement à la surface du sol, ce qui place leurs extrémités fibreuses à la portée des femelles d'insectes. Quand les arbres ont grandi, que leurs racines en prenant possession du sous-sol, se sont trop éloignées de la surface, il ne se produit plus de truffes dans leur voisinage ; l'insecte femelle ne trouve plus les conditions favorables pour opérer sa ponte.

M. B. Robert, excellent observateur, fait à ce sujet une remarque fort judicieuse qui confirme pleinement la réalité du fait capital qui doit désormais être le point de départ de ceux qui cherchent à multiplier artificiellement la truffe dans de larges proportions.

« En considérant, dit M. Robert, que les branches ont un rapport direct avec les racines, lesquélles meurent lorsqu'on coupe les branches qui les alimentent, en même temps que la production des truffes correspondante aux branches-coupées cesse également, on sera en quelque sorte conduit à admettre que ce sont les racines des arbres aux environs desquels les truffes se produisent qui leur donnent naissance. Cette production cesse tout à fait si l'on coupe l'abre en entier, parce que les racines périssent alors presque entièrement. Les racines des plantes, semblables aux organes de la circulation chez les animaux, se divisant en s'éloignant du tronc, se terminent toutes par des filaments excessivement déliés, destinés à puiser dans la terre les sucs nourriciers ; c'est à l'extrémité de ces filaments devenus capillaires et imperceptibles que naissent les truffes qui ne paraissent en aucune manière être fixées à la terre. Lorsque, par un été pluvieux, la végétation est activée dans le chevelu des racines, les filaments se multiplient et les truffes naissent en plus grande abondance.»

Tout cela est d'une exactitude incontestable ; plus les arbres donnent de jeunes racines fibreuses peu éloignées de la surface du sol, plus les femelles d'insectes trouvent de facilité pour les piquer et provoquer la formation des truffes. Que reste-t-il donc à faire, en prenant les choses dans l'état où elles sont? D'abord, continuer à choisir avec le plus grand soin les chênes truffiers ; ce sont assurément ceux qui donnent le plus de racines chevelues à la portée de la piqûre des tipules ; maintenir ces arbres le plus longtemps possible au degré de végétation qui leur fait donner le plus possible de racines semblables ; étudier à fond les mœurs de la tipule truffière, l'époque de sa ponte, ses conditions de multiplication, et favoriser par tous les moyens possibles la propagation de cet insecte. Ce dernier point, je le répète, n'a rien de très-difficile ; c'est à l'entomologie à fournir à ce sujet, par des observations réitérées, de nouvelles lumières, à l'aide desquelles la tipule truffière deviendra l'auxiliaire de l'homme pour la production des truffes, comme le cynips lui sert à produire la cire végétale, comme le bombyx lui donne la soie, comme l'abeille lui donne la cire et le miel.

· CHAPITRE XI.

PRÉPARATION ET CONSERVATION DES TRUFFES.

D'après les considérations précédemment exposées sur la nature particulière de la truffe, qui la sépare entièrement des champignons, je crois devoir considérer isolément les procédés employés pour l'utiliser dans la cuisine et pour la conserver.

Truffes cuites sous la cendre. Après avoir lavé à plusieurs eaux les truffes entières et les avoir soigneusement brossées, afin qu'il n'y reste aucune parcelle de sable ou de terre adhérente à leur surface, on pose sur la table de cuisine autant de carrés de papier blanc qu'on veut faire cuire de truffes; sur chaque papier on étend une barde de lard au centre de laquelle on place une truffe légèrement saupoudrée de sel fin. On replie sur la truffe la barde de lard et la feuille de papier, puis on enveloppe le tout dans trois autres feuilles de papier assez fort, en ayant soin que la truffe bardée y soit parfaitement enfermée. Les truffes ainsi disposées, sont cuites sous des cendres chaudes, comme le seraient des marrons. Avant de les servir on enlève les deux premières feuilles de papier plus ou moins brûlées et salies par le contact des cendres, et on sert les truffes enveloppées dans les deux autres feuilles, qui doivent être restées parfaitement 'propres. C'est une des manières les plus simples et en même temps les meilleurs de préparer les truffes ; elle est très-usitée dans le Midi ; il ne faut faire cuire sous les cendres que des truffes de moyenne grosseur ; trop petites, elles sont en partie calcinées ; trop grosses, elles cuisent imparfaitement. Les amateurs de truffes préfèrent ce mode de cuisson à tout autre, parce qu'il conserve la saveur naturelle de la truffe sans la modifier par aucun 'assaisonnement.

Truffes au vin. On garnit de tranches de lard le fond d'une casserole, on pose sur cette garniture les truffes, soigneusement nettoyées comme pour la recette précédente, on étend ensuite par dessus les truffes des tranches de jambon maigre, et l'on verse sur le tout assez de bon bouillon dégraissé pour que les truffes y baignent à moitié ; achevez de remplir la casserole avec du vin de Champagne ou un autre vin blanc de bonne qualité. Faites cuire pendant une demi-heure sur un feu modéré. Quand les truffes sont suffisamment cuites, retirez-les de la casserole, essuyez-les une à une et, pour qu'elles ne refroidissent pas, enfermez-les à mesure dans une serviette pliée en plusieurs doubles, comme pour servir des marrons rôtis. On doit opérer lestement et ne retirer les truffes de la casserole qu'au moment de les servir.

Truffes à la Périgueux. Coupez les truffes en tranches de 1 ou 2 centimètres d'épaisseur ; divisez ensuite ces tranches en petits dés, en les coupant par bandes égales, d'abord en long, ensuite en large. Faites cuire les truffes ainsi divisées, dans de bon bouillon dégraissé, mêlé à du vin blanc vieux, par parties égales ; ajoutez-y quelques cuillerées de jus de rôti réservé à cet effet. Quand la cuison est terminée, ajoutez à la sauce un morceau de beurre très-frais au moment de servir. Pour manger les truffes à la Périgueux avec toute la valeur gastronomique de ce mets recherché, il faut les saler très-modérément et bien se garder d'y ajouter ni poivre ni un autre assaisonnement qui puisse en altérer la saveur naturelle.

Truffes à l'Espagnole. Coupez les truffes en tranches minces, d'un 1/2 centimètre d'épaisseur ; faites-les cuire dans une casserole avec un morceau de beurre très-frais et un peu de sel, sans autre assaisonnement. Quand elles sont cuites ajoutez-y un peu de vin blanc et quelques cuillerées de jus de rôti, seulement en quantité suffisante pour que la sauce ne soit ni trop courte ni trop longue ; faites prendre un ou deux bouillons et servez.

Truffes à la Piémontaise. Émincez les truffes, comme pour la recette précédente ; faites-les cuire dans un peu d'huile d'olives fine, sur un feu très-doux, avec une gousse d'ail écrasée et un bon assaisonnement de sel et de poivre ; faites cuire un bon quart d'heure sur un feu doux ; ajoutez quelques cuillerées de jus de citron au moment de servir. Je donne cette recette, parce que cette manière d'apprêter les truffes est très-usitée et préférée à toute autre en Piémont et aussi dans les départements de l'ancienne Provence ; mais les vrais amateurs de truffes, dans tout le reste de la France, trouvent que c'est les gâter complétement que de masquer leur saveur délicate sous celle de l'ail, du poivre et du jus de citron.

Truffes à la minute. Les truffes nettoyées et coupées en rouelles, comme des pommes de terre qu'on veut faire frire, sont mises dans un plat pouvant supporter l'action du feu, avec un morceau de beurre frais et un bon assaisonnement de sel, poivre et fines herbes hachées. Quand on les juge cuites d'un côté, on les retourne une seule fois ; elles doivent être servies dans le plat où elles ont été préparées. C'est la manière la plus prompte d'accommoder les truffes. Les cuisiniers de nos départements méridionaux remplacent, dans cette recette, le beurre par de l'huile d'olives.

Truffes conservées au beurre ou à l'huile. Après avoir fait cuire les truffes dans du vin blanc, on les met dans un bocal à large ouverture ou dans un pot de faïence, et quand elles sont complétement refroidies, on verse par dessus autant de beurre frais fondu tiède ou d'huile d'olives fine que le vase en peut contenir. On conserve dans un local frais, mais exempt d'humidité, les truffes ainsi préparées ; elles s'y maintiennent en bon état d'une année à l'autre.

Truffes conservées cuites à la vapeur. Remplissez de truffes nettoyées des bouteilles à conserves à large col, mettez dans chaque bouteille un demi-verre d'eau, fermez-la avec un bouchon percé à son centre ; chauffez toutes les bouteilles ainsi remplies dans un bain de sable pendant une bonne heure ; l'eau contenue dans les bouteilles, en se convertissant en vapeur, suffit pour la cuisson complète des truffes. Fermez alors avec un fausset de bois l'ouverture du bouchon ; laissez refroidir les bouteilles et goudronnez-en le col avec de la cire à bouteilles.

Truffes conservées cuites au jus. Préparez une quantité de jus de volaille proportionnée à la quantité de truffes à conserver ; faites cuire complétement les truffes dans ce jus, comme si elles devaient être immédiatement servies sur la table. Pendant que les truffes cuisent, placez dans un bain de sable, convenablement chauffé, des bouteilles à large col; quand elles sont suffisamment chaudes, versez-y les truffes bouillantes avec le jus dans lequel elles ont cuit. Bouchez les bouteilles et ficelez-les fortement avec du fil de fer. Remettez-les au bain de sable jusqu'à ce que leur contenu rentre en pleine ébullition. Laissez-les alors refroidir et conservez au frais les bouteilles bien goudronnées.

Cette manière de conserver les truffes est la plus compliquée et la plus dispendieuse; son principal avantage, c'est que les truffes, ainsi conservées, peuvent être servies telles qu'elles sortent des bouteilles, sans autre préparation que de les faire réchauffer dans leur jus au moment de les servir.

FIN.

TABLE ANALYTIQUE DES MATIÈRES.

CHAPITRE II.

CULTURE DES CHAMPIGNONS DE COUCHE.

CHAPITRE III.

CULTURE DU PALOMET, DE L'AGARIC ATTÉNUÉ, DU CHAMPIGNON NAPOLITAIN.

CHAPITRE IV.

PROCÉDÉS DE CONSERVATION DES DIVERS CHAMPIGNONS COMESTIBLES.

CHAPITRE V.

METS DONT LES CHAMPIGNONS COMESTIBLES SONT LA BASE.

CHAPITRE VI.

CHAMPIGNONS COMESTIBLES LES MOINS USITÉS EN FRANCE.

DEUXIÈME PARTIE.

Champignons vénéneux.

CHAPITRE VII.

CHAMPIGNONS VÉNÉNEUX LES PLUS COMMUNS EN FRANCE.

CHAPITRE VIII.

SECOURS EN CAS D'EMPOISONNEMENT PAR LES CHAMPIGNONS.

TROISIÈME PARTIE.

Truffes.

CHAPITRE IX.

HISTOIRE NATURELLE DE LA TRUFFE.

LISTE DES PLANCHES COLORIÉES.

Champignons comestibles (*Agaricus edulis*).
Mousseron (*Agaricus albellus*).
Faux Mousseron (*Agaricus tortilis*).
Agaric atténué (*Agaricus attenuatus*).
Palomet (*Agaricus Palomet*).
Champignon délicieux (*Agaricus deliciosus*).
Lactaire doré (*Agaricus lactiferus aureus*).
Cep (*Boletus edulis*).
Cep bronze (*Boletus edulis*).
Chanterelle (*Cantharellus cibarius*).
Oronge (*Amanita aurantiaca*).
Morille (*Morchella esculenta*).

www.ingramcontent.com/pod-product-compliance
Lightning Source LLC
Chambersburg PA
CBHW070624100426
42744CB00006B/597